KB102723

시(詩)에서
삶을 얻다

시(詩)에서 삶을 얻다

2024년 9월 9일 처음 펴냄

지은이 | 오종민
펴낸이 | 김영호
펴낸곳 | 도서출판 동연
등 록 | 제1-1383호(1992년 6월 12일)
주 소 | (우 03962) 서울시 마포구 월드컵로 163-3
전 화 | (02) 335-2630
팩 스 | (02) 335-2640
이메일 | yh4321@gmail.com

ISBN 978-89-6447-032-9 03040

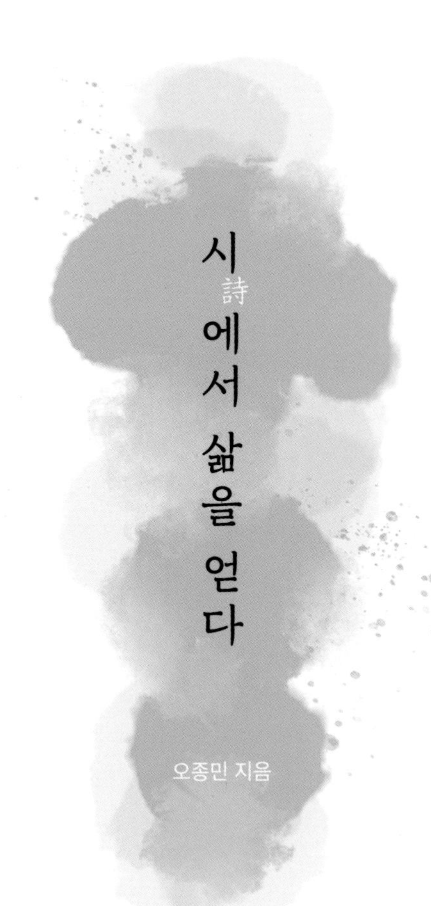

시詩에서 삶을 얻다

오종민 지음

동연

추천의 글

삶의 궁극적 지향성

김거성

(전 청와대 시민사회수석비서관)

시를 잘 이해하기 위해서는 그 시인의 삶을 들여다 볼 필요가 있습니다. 그 시인이나 동시대인의 고민과 관심을 통해서 그 시어 속에 담겨 있는 뜻을 더욱 깊이 이해할 수 있는 까닭입니다.

제가 경기도교육청에서 감사관으로 활동할 때인 2015년, 학교급식에 관련된 여러 가지 비리에 대한 공익제보를 받았습니다. 기득권에 굴복하지 않고, 또 한 치의 물러섬도 없이, 의연하게 실상을 드러내고 전자조달시스템(eAT) 활용이라는 대안까지 제시했던 그였습니다.

일부 사립유치원 운영자들이 원생을 돈벌이 수단으로 삼아 탐욕을 추구하는 것을 알게 되었을 때, 조금도 거리낌 없이 최전선에 앞장섰습니다. 온갖 회유와 협박, 나아가 고난이 이어졌지만, 아무것도 공공성 앞에서 그를 멈칫거리게 하지 못했습니다. 그리고 안타깝게도, 그 십자가의 길은 지금까지도 이어지고 있습니다.

한편에서는 하루 세 끼를 제대로 먹지 못하는 노인이 있지만, 다른 한편에서는 대규모 급식에서 전혀 손도 대지 않은 잔식 잔반이 처리비용까지 더해 쓰레기장으로 향하는 부조리한 현실이 그의 눈에 들어왔습니다. 그에게는 이 또한 남의 일이 아니었습니다.

2017년 한국투명성기구의 투명사회상 후보자 명단에 그가 올라온 것을 본 한 심사위원이 처음에는 '감사 담당 공무원이 부패와 싸우는 것은 마땅한 일이지 않은가?' 하는 생각으로 추천서를 읽기 시작했지만, 그가 걸어온 바름을 향한 고난의 길을 알게 되고 나서는 오히려 감동했다는 이야기를 전해 들었습니다.

2018년 하반기, 국민권익위원회에 그에게 훈장 서훈을 추천하고자 했습니다. 서류를 준비해 달라는 요청에, 자신은 이미 투명사회상을 받았으니 그걸로 충분하고 함께 고생한 후배들 가운데 하나가 대신 받도록 해달라고 극구 양보했던 전력이 있습니다. 결국 아무도 받지 못했습니다만, 그의 삶의 자세가 진하게 묻어나는 이야기가 아닐까 생각합니다.

그래서 오종민 님의 『시(詩)에서 삶을 얻다』라는 책은 그의 삶을 통해 더욱 잘 이해할 수 있습니다. 마찬가지로 이 책에서 그가 소개한 시들을 잘 들여다보면 그의 삶이 어떤 궁극적인 관심을 지향하고 있는지 알게 됩니다. 그가 그 시들을 통해 깨달음을, 용기를, 나아가 삶을 얻어온 역정이 담겨 있기 때문입니다.

동시에 이 책은 '삶에서 시를 얻다'라고 할 수 있겠습니다. 그래서 독자들에게 그의 삶을 소개하고 이해를 구하려 한 것입니다. 아울러 지금까지 올곧게 걷고자 했던 그의 삶의 자세와 체험들에 감동하며, 함께 해왔던 여러 사람도 마찬가지로 진한 울림을 주었던 시와 글을 여기 보탰습니다. 이들이 '더불어' 삶에서 시를 얻은 것입니다.

시에서 삶을 얻고, 또 삶에서 시를 얻는 그의 삶, 독자들과 아울러 그와 함께하는 분들의 삶이 이어지기를 손 모아 기원하며, 기쁜 마음으로 이 책을 추천합니다.

2024년 7월

김거성 손 모음

머리말

나, 스스로를 비판하면서, 겪은 일과 잘못된 사람들의 관행을 알려주고 싶었다.

시를 읽고, 위로를 받았다.

내가 잊어서는 안 될 사람들과 일들을, 그 과정에 고생한 사람들을 기억하고 싶었다.

매 순간, 타성에 빠지는 것을 경계하면서, 일을 했다.

시간이 되면 책을 쓰는 것이 아니라, 시간을 내어서 써야 하는 것이라 하여, 썼다.

어느 순간, 나의 삶에서 후회라는 단어가 떠오르지 않기를 바라는 마음으로 썼다.

"나는 우리를 깨물고 찌르는,

다만, 그런 책들을 읽어야 한다고 생각해

우리가 읽는 책이 머리를 주먹으로 내리쳐 깨우지 않

는다면,

도대체 무엇 때문에 그 책을 읽어야 할까?

한 권의 책은 우리 안의 얼어붙은

바다를 깨는 도끼여야 해. 나는 그렇다고 생각해."

_ 카프카가 친구 오스카 폴락에게 보낸 편지 중에서 (1904년 1월 27일)

어쩌면, 책이란 '여러 사람의 생각을 가르쳐 주는 것'이라고 생각한다.

결국, 사람의 마음은 자꾸자꾸, 따스한 쪽으로 흘러가게 되어 있다. 나는 믿는다.

나의 삶도 미숙하고 서툰 점이 많다. 안다. 이 글에서도 나타날 것이다. 용서를 바란다.

시와 함께, 행복한 삶이 이어지길 바라며….

2024. 7.

오종민

차례

1부 _ 삶에 시(詩)를 들이다

2부 _ 사람과 시(詩)

3부 _ 시(詩)가 안부를 묻다

1부

삶에 시(詩)를 들이다

1부는 필자에게 모티브가 된 시(詩)와 이에 대한 필자의
글을 앞뒤로 가지런히 놓았다. 즉, 시-글의 구성이다.

만약 내가

에밀리 디킨슨*

만약 내가 한 사람의 가슴앓이를
멈추게 할 수 있다면,
나 헛되이 사는 것 아니리.
만약 내가 누군가의 아픔을
쓰다듬어 줄 수 있다면,
혹은 고통 하나를 가라앉힐 수 있다면,
혹은 기진맥진 지친 한 마리 울새를
둥지로 되돌아가게 할 수 있다면,
나 헛되이 사는 것이 아니리.

---

* 에밀리 디킨슨(Emily Dickinson) 19세기에 활동한 미국의 시인.

단, 한 명의 아이도 포기하지 않겠다.*

* 2000년대 초 미국이 NCLB법(No left child behind act)을 만들어 교육혁신을 꿈꾸었다.

단 한 명의 아이도 포기하지 않겠다

2014년 10월 1일 경기도교육청의 이날 협의회는 "단 한 명의 아이도 포기하지 않겠습니다. 교육의 중심은 학생입니다. 모두의 아이를 함께 키우는 교육, 경기교육이 열어갑니다"라는 주제로 진행됐다. 하지만 2015년 경기도 내 학교급식과 사립유치원 특정감사를 진행하는 과정에서 누군가는 양심을 저버렸던, 그 진실을 알았으면 한다.

〈낭만닥터 김사부〉(SBS 드라마)*에는 이런 대사가 있다.

---

* 지방의 초라한 돌담병원을 배경으로 벌어지는 '진짜 닥터' 이야기.

"아무리 돈이 없고 화가 나고 무시당하고 자존심 상해도 절대로 타협하지 말아야 할 게 있어. 그게 바로 양심이라는 거야."

내가 글을 쓴 이유는 '만약 내가' 그리고 '**양심**'이라는 글을 접하면서 시작되었다.

인생을 살아가면서 '해야 할 일'과 '하지 말아야 할 일'이 정해져 있다면, 그것은 누군가의 아픔을 쓰다듬어 줄 수 있는 사람, 양심을 버리지 말아야 할 사람이다.

지금도 가슴앓이를 멈추게 하는 사람과 선한 마음을 주는 사람들이 주변에 있다. 그 소중한 사람들과 함께 따듯한 세상을 꿈꾸고, 그 꿈을 이루고 싶다. 아니, 이 소망이 이루어질 날이 올 것이다. 그 믿음으로 꿋꿋이 삶에 대한 글을 쓰고 싶다.

나치가 그들을 덮쳤을 때
(침묵의 대가)

마르틴 니묄러*

나치가 공산주의자들을 덮쳤을 때
나는 침묵했다.
나는 공산주의자가 아니었기 때문이다.

그다음 그들이 사민당원들을 가두었을 때,
나는 침묵했다.
나는 사민당원이 아니었기 때문이다.

---

* 마르틴 니묄러(1892~1984년) 목사가 쓴 것으로. 나치가 특정 집단을 하나씩 차례로 지목해 제거함으로써 권력을 차지할 때, 저항하지 않고 침묵한 독일 지식인에 대해 다루고 있다.

그다음에 그들이 노동조합원을 덮쳤을 때
나는 침묵했다.
나는 노동조합원이 아니었기 때문이다.

그들이 나에게 닥쳤을 때는,
나를 위해 말해 줄 이들이
아무도 남아 있지 않았다.

학교급식 비리, 침묵하지 않았다

2015년 3월, 수원 광교산 보리밥집, 첫 인연이 시작되었다.

그해 5월의 어느 날. 학교급식에 대한 비리 제보를 받은 경기도교육청 김거성(전 청와대 시민사회수석) 감사관은 당시 학교급식 특정감사(오종민 사무관)에게 "해마다 학교급식 문제의 피해자는 학생과 학부모입니다. 소신껏 일해 주세요. 반드시 대책도 함께 마련해 주세요"라고 당부했다. 경기도 학교급식 특정감사의 신호탄이 쏘아 올려진 것이다.

경기 ○○고등학교 감사. 통상 감사 일정은 일주일 정도였지만, 감사를 진행할수록 다른 회계 부정과 공무원에게 캐시백 포인트로 상품권 제공 등의 비리 유형이 드러났다. 하지만 예전에 그랬던 것처럼, 1학교당 일주일만 감사를 진행하려면, 당시 여러 유형의 새로운 방식의 비리에 대한 감사 중단을 고민할 수밖에 없었다.

이때 경기도교육청 김거성 감사관의 한마디. "일주일 감사 기간을 생각하지 마시고, 철저히 조사하고 분석해서 그 대안까지 마련해 주세요." 그 전의 학교급식 감사와는 전혀 달랐다. 침묵하였다면, 새로운 학교급식의 변화는 없었을 것이다.

그 당시 경기 ○○고등학교를 50일 동안 감사한 결과는 첫째 학교급식 납품업체가 학교에 납품하는 식품단가를 속여 부당 이득을 취했고, 둘째 식재료 유사 품목 중 고가 품목 위주로 구매토록 하여 학교예산을 낭비했고, 셋째 월간 급식물품의 구매 금액이 일정 금액을 초과하면 캐시백 포인트, 상품권으로 공무원에게 제공하는 등의 비상식적인 입찰 방식과 학교(공무원)와 급식 납품업체 간 유착 등이 드러났다.

기존의 학교급식 감사 결과(사례)와 전혀 다른 결과였고, 새로운 제도 개선이 필요했다.

경기도교육청의 기존 입찰 방식에서 계약(입찰)부터 식재료 납품(검수)까지 투명하고 공정한 입찰 방식을 새롭게 도입했다.*

새로운 투명한 입찰 방식에 대해서 기존 학교급식 업체 관계자와 일부 공무원이 지속적으로 반대했다.

기존 입찰 방식으로는 누군가 반드시 피해를 본다. 바로 '학생'이라는 것이, 기존 입찰 방식을 즉시 개선한 이유이다.

경기도교육청 내 전체 학교는 그해, 난제였던 학교급식 비리에 관한 고르디우스의 매듭(Gordian Knot)이 풀리는 순간을 공정성과 효율성을 함께 이룬 일들을 기억할 것이다.

---

* 2016학년도 1학기부터 경기도 내 모든 학교에 학교급식전자조달시스템(eaT) 전면 사용 의무화로 나이스 식단, 에듀파인 품의, 계약/납품/검수 등의 급식 전 과정의 전산화, 학교급식 식재료 품목에 대한 전산화로 가격 정보 제공, 식재료 공급업체에 대한 사전 등록심사 및 사후관리를 통한 안전성 강화, 공급업체에 대한 행정처분 정보, 원산지 및 친환경 인증 정보, 축산물 검수시스템과 등급판정 이력정보를 전산 연계하였다. 상시 모니터링 체제 구축, 물량지원(1+1) 금지, 캐시백 포인트와 상품권 금지 등.

그 이후, 우리 대한민국의 학교급식 환경은 어떻게 되었을까? 수많은 학생과 학부모님은 그 변화를 알고 있지 않을까?

"돈에 맞춰 일하면 직업이고, 돈을 넘어서 일하면 소명이라고 했다."

당시 학교급식 비리에 대한 피해자가 누구인지에 대해 만평이 있었다.*

* 조남준의 발그림.

죽은 나무

이현주

죽어 뼈만 남은 고사목(枯死木)
칼처럼 우뚝 서서
바람이 불어도 흔들리지 않는다.

그렇다.
바람이 불어도 설레지 않는
나무는
죽은 나무다.

일한 만큼 월급 받아, 대충해

자연에서 배운 것이 있다면, 바로 삶과 죽음이다.

공무원은 무엇으로 살까?

공직 생활 중에 죽은 나무, 죽어가고 있는 나무를 수없이 봤다.

그 죽은, 죽어가고 있는 나무들은 한결같이 말한다.

"하지 마라. 가만히 있어라. 해도 변하지 않는다."

— 죽은 나무다.

"일한 만큼 월급 받아, 대충해."

— 죽어가는 나무다.

획일과 평범함은 죽은 사회가 만든 기준일뿐이다.

'흔들림과 설렘이 없는 세상의, 세상에 의한, 세상을 위한 기준'이다.

2014년, 학교급식 특정감사에서,
2015년, 사립유치원 특정감사에서,
2022년, 학교급식 중 예비식(잔식)의 나눔에서,
나는 항상 죽은 나무들과 있었다.

공정과 상식이 흔들리고 있다. 그래서 나무는 죽어가고 있다.

습관적으로 "아니야, 하지 마"라고 얘기하는 사람을 만나지 않을 수는 없다.

하지만 적어도 나는, 무시할 수는 있었다. 그러나 함께 할 수는 없었고, 그런 사람과는 친구가 될 수 없었다.

고통을 겪고 나면, 그 고통의 감정들이 나를 잠식하지 않기를 바란다.

조금 더 살아보니, 좋은 세상을 꿈꾸고, 어둠에서도 흔들림과 설렘으로 살아간, 나무들이 있었다.

살면서

W. 볼튼

살면서 미쳤다는 말을 들어보지 못했다면
너는 단 한 번도 목숨 걸고 도전한 적이
없던 것이다.

나는 없었다. 나는 미쳤다

서울 광화문, 어느 한정식 남자 화장실에서 본 글이다.

나에게 "일에 미쳤구나?" 하는 직장 동료나 친구가 있었나? 나는 없었다.
살면서, 목숨 걸고 도전했다면, 과연 무엇을 이루었을까?
자신만의 성공을 위한 사람이 되려 하기보다는, 가치 있는 사람이 되려고 노력한 적이 있었는가? 누군가 또 묻는다. 나는 없었다.

오늘도, 서울 종로 토요일 오후에 팔레스타인의 죽음을 멈추자는 행렬을 보았다.

미국 대학생들의 대학 점거 농성, 단식투쟁 등 다양한 저항에 관한 글도 보았다.

왜? 누구를 위해서, 목숨을 바치면서까지 해야 하는지를 생각해 보았다.

우리가 왜 사는지, 묻고 싶다. 뭣 땜에 살아야 하는지를 진심으로 묻고 싶어진다.

"우리 못나게 살지는 맙시다. 사람이 뭣 땜에 사는지 알고는 살아야 하지 않겠어요."
_ 드라마, 〈낭만닥터 김사부 1〉 중에서

살면서, 들어보지 못한 미쳤다는 말을 지금 듣고 싶다.
나(우리)는 미쳤다.

가지 않은 길
(The Road Not Taken)

로버트 프로스트

노란 숲속 두 갈림길 나그네 한 몸으로
두 길 다 가볼 수 없어 아쉬운 마음으로 덤불 속 굽어든
길을
저 멀리 오래도록 바라보았네

그러다 다른 길을 택했네 두 길 모두 아름다웠지만
사람이 밟지 않은 길이 더 끌렸던 것일까
두 길 모두 사람의 흔적은 비슷해 보였지만

그래도 그날 아침에는 두 길 모두

아무도 밟지 않은 낙엽에 묻혀 있었네
나는 언젠가를 위해 하나의 길을 남겨 두기로 했어
하지만 길은 길로 이어지는 법
되돌아올 수 없음을 알고 있었지

어디에선가 먼 먼 훗날
나는 한숨 쉬며, 이 이야기를 하고 있겠지
숲속에 두 갈래 길이 있었다고, 그리고
나는 사람들이 덜 걸은 길을 택했다고
그로 인해 모든 것이 달라졌다고

한유총 비리 밝히던 '감사관실의 수난'*

사상 첫 사립유치원 감사한 경기도교육청 3명, 작년 8월 돌연 '전보'
당시 도의원들 동원한 전방위 '감사 중단' 압박, 인사 배경 의혹

사상 최초로 사립유치원을 감사해 각종 비리를 밝혀낸 경기도교육청 감사관실 소속 공무원들이 지난해 8월 대거 인사 조치된 것으로 뒤늦게 확인됐다. 이들 중엔 한국사립유치원총연합회(한유총)가 단체 대화방인

---

* 송진식 기자, 「경향신문」 2019년 4월 22일자. http://v.media.daum.net/v/20190422060158788.

'3000톡'에서 '주적'으로 거론한 공무원도 포함돼 있다.

이후 도교육청은 사립유치원 감사를 축소하려 하고 있어 당시 인사 배경을 놓고 의혹이 제기되고 있다. 감사담당관은 감사 기간에는 경기도의원의 압력을 받는 수난을 당하기도 했다. 도의원에 불려 간 감사팀장(오종민, 당시 사립유치원 특정감사 사무관)은 한유총 원장들 앞에서 수모를 겪기도 했다. (중략)

인사가 나던 날 한유총의 3000톡방은 '잔칫집' 분위기였다. "드디어 경기도 감사 인사가 혁신적으로 개편됐다. 오늘 인사에서 사립유치원 감사를 진두지휘했던 ㄷ사무관(오종민)을 비롯한 감사과장 2명이 전보 조치됐다"는 메시지에는 '좋아요'라는 댓글이 수두룩하게 올라왔다.

"10억 주겠다", "총으로…" 유치원 비리 감사하자 회유 · 압박*

---

* 「한겨레」 2018년 10월 15일자. https://www.hani.co.kr/arti/society/s

비리 근절 대책 번번이 좌절, 왜? 유치원 쪽, 휴업 선언 등 집단행동
국회·교육청 등에 전방위 로비 의원들은 '원장 민원' 전하며 압력
시·도의원이 유치원 로비 창구 압박 진행형, 국회의원도 '쩔쩔'

2016년 10월 당시 김거성 경기도교육청 감사관은 비리 의혹이 있는 사립유치원을 '특정감사'하는 도중 잇따라 경기도의회에 호출당했다. 의원들은 김 감사관에게 비리 의혹을 받는 사립유치원 원장들의 '민원'을 전하며 사실상 '압력'을 행사했다.

"비리가 확인된 유치원 쪽에서 '10억 원을 주겠다', '차를 바꿔주겠다'는 식으로 회유하는 경우들이 있다"며 "한 감사관은 감사 현장에 나갔다가 유치원 원장에게서 '소리 안 나는 총이 있으면 쏴 버리고 싶다'는 협박

---

ociety_general/865920.html#cb.

성 발언을 들었다고 털어놓은 적도 있다"고 전했다. 2016년에는 한 사립유치원 설립자 ㄱ(61) 씨가 경기도 교육청 소속 ㄴ감사관이 다니는 교회에 택배로 '금괴'를 보낸 일이 드러나기도 했다.

'표심', '민원' 앞세워 로비… 국회도 좌절. 사립유치원의 비리를 감사하거나 투명성 강화를 위한 제도를 마련해야 하는 국회와 시·도 교육청, 의회 등에 사립유치원 쪽의 각종 로비가 일상화돼 있다는 지적도 이어졌다. 사립유치원 원장들이 길게는 수십 년씩 지역 학부모들과 관계를 맺어온 네트워크 때문에 '표심'을 의식해야 하는 선출직 공무원들이 사립유치원 쪽의 '민원'을 쉽게 뿌리칠 수 없다는 것이다.

눈 덮인 들판을 걸어갈 때 함부로 어지럽게 걷지 마라. 오늘 내가 디딘 발자국은 언제가 뒷사람의 길이 되니라. _ 서산대사의 선시 답 설야(踏 雪野)

대한민국 임시정부 주석이었던 백범 김구 선생님은

공주 마곡사에 은신하던 때에 서산대사의 선시 「답설야」를 알게 되어, 어려운 결단을 할 때마다 이 시구를 마음에 되새겼다고 한다.

누구를 위해, 감사 중단 압박, 인사 조치 등 함부로 어지럽게 길을 만들었을까?

> "나는 헌법을 준수하고 국민의 자유와 복리의 증진 및 조국의 평화적 통일을 위하여 노력하며, 국가이익을 우선으로 하여 국회의원의 직무를 양심에 따라 성실히 수행할 것을 국민 앞에 엄숙히 선서합니다."
> _ 국회법 제24조

그때나 지금이나, 정치인의 선서를 믿고 싶다.
양심에 따라 성실히 국민 앞에….

굴비에게*

정호승

부디 너만이라도 비굴해지지 말기를
강한 바닷바람과 햇볕에 온몸을 맡긴 채
꾸덕꾸덕 말라가는 청춘을 견디기 힘들지라도
오직 너만은 굽실굽실 비굴의 자세를 지니지 않기를
무엇보다도 별을 바라보면서,
비굴한 눈빛으로 바라보지 말기를
돈과 권력 앞에 비굴해지는 인생은 굴비가 아니다.
내 너를 굳이 천일염에 정성껏 절인 까닭을 알겠느냐.

---

* 굴비(屈非), 즉 비겁하게 굴하지 않는다는 뜻.

타인을 먼저 생각하는 숨은 영웅이 우리 주변에 있다

'최근 학생들 돕고 싶다며, 어느 40대 교사의 마지막 선행'

'24살 학생, 뇌사 장기기증으로 6명의 생명을 살리고 떠나…'

'추락하는 전투기에서 비상 탈출을 포기하고 선택한 희생'

죽음 앞에서 이타적인 행동을 할 수 있는 것일까?

살아오면서, 부당함에도 바꾸지 못한 일이 얼마나 많았는지, 무엇보다 함께 한 후배들에게 왜 공정과 상식이 통하고, 그로 인해 대우와 보람을 만들어 주지 못했는지.

공익제보자가 오히려 해임 등 처벌받고, 오랜 시간 고통 속에 있었다.

나만 고립된 섬에서 홀로서기를 했는지. 굽실굽실, 비굴한 나의 그림자가 보였다.

홀로 맞서기에 어렵고, 이젠 그만해야지 하는 생각을 하지 않았는지?

그런 일은 마땅히 높으신 정치인들이나, 시민단체들이 해야 한다고 믿고, 조용히 아주 멀리서 보고만 있는지, 그래서 나는 비굴한 굴비다.

돈과 권력 앞에 비굴해지는 사람들을 보았다. 나도 그곳에 있었다.

조금 덜 부끄럽게 늙어갈 수 있게, 오늘도 천일염에 몸을 푹 깊숙이 맡긴다.

아! 새벽, 밖은 춥지만, 마음은 따뜻하다.

벌써, 정성껏 절여지고 있는 걸까?

안도현 시인의 꽃게(스며드는 것)가 생각난다.

"꽃게가 간장 속에 반쯤 몸을 담그고 엎드려… 저녁이야 불 끄고 잘 시간이야."

육조지*

정을병

형사는 때려 조지고† 검사는 불러 조지고

판사는 미뤄 조지고 간수는 세어 조지고

죄수는 먹어 조지고 집구석은 팔아 조진다.

---

* 정을병이 1974년 쓴 단편소설 『철조망과 의지』 중에서 인용함.

† (동사) 1. 망치거나 그르치다. 2. 허술하지 못하게 단단히 단속하다. 3. 호되게 때리다.

힘없는 시민은 오직 기댈 곳이 법 하나뿐이다

"지연된 정의는 정의가 아니다"라는 법언이 있다.

"2015년에 시작된 사립유치원 고발, 고소 건은 아직도 진행형이다."

> "재판은 가능한 최단 시일 내에 종결돼야 한다. 재판관의 나태함 대 피고인의 고통스러운 초조함, 무심한 재판관의 편안과 쾌락 대 수감자의 눈물과 누추한 환경, 이보다 더 잔혹한 대비가 있을 수 있겠는가?"

체사레 베카리아*의 말이다.

---

* 체사레 베카리아는 이탈리아 법학자로, 최초로 근현대적인 개념의 죄형법정

세계 여러 나라의 법원에는 칼과 저울을 든 동상이 있다. 우리 대법원의 청사에 있는 정의의 여신 디케는 칼 대신 법전이 있다. 공평하게 심판한다는 의미인데, 그 앞에 시계나 달력이 더 있었으면 한다. '지연하면 절대 안된다'는 의미로 말이다.

미국의 드라마 〈히든 피겨스〉*의 엔지니어 지망생 흑인 메리는 백인으로만 구성된 고등학교 야간 수업에 참여할 수 있도록 법원에 청원하여, NASA 최초의 아프리카계 미국인 여성 엔지니어가 되는 내용이다.

흑인은 다닐 수가 없다고 하자, 메리는 입학을 위하여, 그녀 스스로 법정에서 판사에게, "판사님, 오늘 당신이 보게 될 모든 재판 중에서, 어느 판결이 지금으로부터 100년 후에 중요한 판결이 될까요? 어느 판결이 당신을 최초로 만들어 줄까요?"

주의를 창시하고, 형법 사상의 기초를 마련해서 근대형법의 아버지라 불린다. 『범죄와 형벌』이라는 형사법의 개혁에 관한 탁월한 저술을 남겨 근대 범죄학과 형사정책의 탄생에 기여했다.

* 2017년에 방영된 미국 드라마.

당신이 흑인 인권을 높이는 최초의 판사가 될 것이라고 말하면서, 사회적 편견을 없앤 역사적인 기록을 남겼다.

두려움에도 '불구하고' 행동하는 것. 지금, 지연된 법 앞에서는 더 필요하다.

대한민국 헌법 제27조 3항은 '모든 국민은 신속한 재판을 받을 권리를 가진다'라고.

손무덤*

박노해

올 어린이날만은
안사람과 아들놈 손목 잡고
어린이 대공원에라도 가야겠다며
은하수를 빨며 웃던 정형의
손목이 날아갔다

작업복을 입었다고
사장님 그라나다 승용차도
공장장님 로얄살롱도

---

* 박노해, 『노동의 새벽』 (풀빛, 1984).

부장님 스텔라도 태워 주지 않아
한참 피를 흘린 후에
타이탄 짐칸에 앉아 병원을 갔다

기계 사이에 끼어 아직 팔딱거리는 손을
기름 먹은 장갑 속에서 꺼내어
36년 한 많은 노동자의 손을 보며 말을 잊는다

비닐봉지에 싼 손을 품에 넣고
봉천동 산동네 정형 집을 찾아
서글한 눈매의 그의 아내와 초롱한 아들놈을 보며
차마 손만은 꺼내 주질 못하였다

훤한 대낮에 산동네 구멍가게 주저앉아 쇠주병을 비우고
정형이 부탁한 산재 관계 책을 찾아
종로의 크다는 책방을 둘러봐도
엠병할, 산데미 같은 책들 중에

노동자가 읽을 책은 두 눈 까뒤집어도 없고

화창한 봄날 오후의 종로거리엔
세련된 남녀들이 화사한 봄빛으로 흘러가고
영화에서 본 미국 상가처럼
외국상표 찍힌 왼갖 좋은 것들이 휘황하여
작업화를 신은 내가
마치 탈출한 죄수처럼 쫄드만

고층 사우나 빌딩 앞엔 자가용이 즐비하고
고급 요정 살롱 앞에도 승용차가 가득하고
거대한 백화점이 넘쳐흐르고
프로야구장엔 함성이 일고
노동자들이 칼처럼 곤두세워 좆 빠져라 일할 시간에
느긋하게 즐기는 년놈들이 왜 이리 많은지
—원하는 것은 무엇이든 얻을 수 있고
  바라는 것은 무엇이든 이룰 수 있는—
선진조국의 종로거리를

나는 ET가 되어
얼나간 미친 놈처럼 헤매이다
일당 4,800원짜리 노동자로 돌아와
연장노동 도장을 찍는다.

내 품속의 정형 손은
싸늘히 식어 푸르뎅뎅하고
우리는 손을 소주에 씻어 들고
양지바른 공장 담벼락 밑에 묻는다
노동자의 피땀 위에서
번영의 조국을 향락하는 누런 착취의 손들을
일 안 하고 놀고먹는 하얀 손들을
묻는다
프레스로 싹둑싹둑 짓짤라
원한의 눈물로 묻는다
일하는 손들이
기쁨의 손짓으로 살아날 때까지
묻고 또 묻는다

코로나 때 손도 안 댄 보쌈 1,100인분 폐기에 자괴감*

지금도 "노숙자가 죽는 것, 생활고에 자살한 것이 뉴스가 안 되지만, 물가 및 경제가 어렵다. 금리가 떨어졌다"가 메인 뉴스가 되는 불편한 사회 속에 있다.

우리 주위에는 배고파서 무료급식소 등에 대기표를 갖고 줄을 서고 있는데, 학교에서는 '그냥' 남은 음식을 버려지는 상황을 계속 지켜 보고만 있어야 하나요?

환경부가 2019년 발표한 '전국 폐기물 발생 및 처리 현황' 통계를 보면 국내 일일 생활 쓰레기 발생량(5만 3,490t)의 약 29%에 해당하는 1만 5,903t이 음식물 쓰

* 「뉴시스」 2024년 1월 10일자. https://v.daum.net/v/20240110073017739.

레기다. 이렇게 발생하는 음식물 쓰레기를 매립이나 소각하는 데만 연간 8000억~1조 원이 소요된다. 처리 과정에서 발생하는 온실가스량도 연간 885만t가량으로 추산.

> 손 대지 않은 학교급식 매일 기부… 효원고의 '일석삼조' 실험*
> 대형급식소 '잔식 기부'… 탄소포인트제 가능할까†
> "코로나19 사태 때 재학생 감염으로 손도 안 댄 보쌈 1,100인분을 전부 버려야 했던 현실적 제약을 경험하면서 독거노인이나 노숙인 등의 사회취약계층에게 학교 잔식(예비식) 기부로 나눔실천과 탄소중립, 복지문제 등 선순환을 하고 있다."

최태성(『역사의 쓸모』 저자) 작가는 독립운동가 이

---

* 「한겨레」 2023년 9월 22일자. https://v.daum.net/v/20230922152009813.
† 「경향신문」 2024년 1월 8일자. https://v.daum.net/v/202401080700 0 5779.

회영 선생의 일생을 다룬 프로그램에서, 이 영상 말미의 문구를 보고 눈물을 펑펑 쏟았다고 한다.

"서른 살 청년 이회영이 물었다. '한 번의 젊은 나이를 어찌할 것인가.'
눈을 감는 순간 예순여섯 노인 이회영이 답했다. '예순여섯의 일생으로 답했다.'"

그 순간 그는 학원의 계약서를 찢고 생각했다. '무임승차 않겠다.'

인생, 무임승차 하지 맙시다.

바람이 꽃에게 전하는 말

양광모

두려워 마
검은 밤이 찾아와도
언제나 네 곁에 머물게

걱정하지 마
빗물에 젖어도
내가 너의 몸을 말려줄게

슬퍼하지 마
언젠가 네가 지는 날
내 품에 안고 먼 곳으로 날아갈게

오직 기억해

잠시 흔들리는 게 아니라

영원한 사랑의 춤을 함께 추는 거야

아이들에게 쓰랬더니 명품 산 원장님*

오늘 MBC 뉴스가 집중할 이슈는 교육의 현장이 아니라 원장 개인의 사업체로 전락한 우리나라 유치원의 민낯입니다.
"루이비통 명품 가방, 노래방, 미용실, 백화점 등 부적절한 지출이 무려 1,032건 5천여만 원. 원장 아파트 관리비, 벤츠 등 차량 3대 유지비와 숙박업소, 술집, 심지어 성인용품점 같은 곳에까지 쓴 돈도 7천만 원이나 됩니다."

---

* 박소희 기자, 「mbc」 2018년 10월. 11일자. https://v.daum.net/v/20181011201202790.

나는, 두려웠다.

일부 정치인, 일부 공무원, 일부 언론인 등이 "법적 근거도 없이 왜? 하느냐?. 하지 마라"면서 지속적인 전화와 집회 등의 괴롭힘과 고발이 계속되었다.

그때, 2018년 10월 11일, 첫 방송, 진실을 쏘아 올린 언론, mbc 기자들이 있었다.

사립유치원의 숱한 외압 속에서 침묵을 깬, 최초의 언론인 MBC 정치팀(김현경, 이해인, 이동경, 박소희 기자)이 그 사립유치원 태풍의 눈 중심에, 우리는 함께 했다.

"걱정하지 마세요." MBC 정치팀 기자들의 말이, 현실로 이어졌다.

「MBC는 단발적 보도에 그치지 않고 유치원 현장과 감사관, 시민단체, 학부모 등의 이야기를 16편에 거쳐 입체적으로 조명했다. 수년간 포기하지 않은 엄마들과 시도교육청의 감사관, 국회의원 그리고 MBC 기자들의 용기가 모여 변화를 이끌어낸 것이다.」

2020년 1월 13일 국회에서 유치원3법 통과*로 공공성 기틀 마련이라는 새로운 변화로 아이들을 위한 세상으로 한 걸음 내딛는 계기가 마련되었다.

일본의 우치무라 간조는 돈에 대해 "돈이 있으면 침대를 살 수 있지만, 잠은 잘 수 없다"고 했다.

나는, 잠을 선택했다. 잠들기 전, 떠오르는 이름 하나 생각나는 그런 잠을….

---

*이동경 기자, 「mbc」 2020년 1월. 13일자. https://v.daum.net/v/20200113202518208.

이게 다 엄마 때문이다*

박상규

'이게 다 엄마 때문이다.'
엄마로 인해 내 인생이 이 모양 이 꼴이 됐다고 생각하면 속이 부글부글 끓었다.
하지만 상처받지 않은 영혼이 어디 있으며, 힘들지 않은 인생이 어디 있겠나.
풀어놓을 수밖에 없던 아픔 탓에 글을 끼적이기 시작했고, 지금은 그걸로 먹고 산다. 엄마가 나를 먹여 살리고 있다.
결국, 이게 다 엄마 덕분이다.

---

* 박상규, 『이게 다 엄마 때문이다』(들녘, 2012).

살다 보면, 피할 수 없는 슬픔이 있고,
몇 번의 상처를 겪은 후에야 비로소
이해되는 사람과 삶이 있다.
_ 본문 중에서

정치인이 못한 일, 30 · 40 엄마들 분노가 한유총 굴복시켰다*

「학부모들이 한유총을 굴복시켰다. 이들 중 대부분은 맘카페를 기반으로 활동하는 30·40대 젊은 엄마다. 한유총의 개학 연기 투쟁에 비판적 의견을 내 정부의 강경 대응에 힘을 실었다. 한유총은 투쟁을 시작하고 첫날인 이날 오후 "조건 없이 개학 연기 투쟁을 철회한다"고 밝혔다. 한유총 소속 사립유치원은 오는 5일부터 정상적으로 운영된다.」

---

* 「국민일보」 2019년 3월. 4일자. https://v.daum.net/v/20190304174348817.

아이들을 진정으로 '사랑하는 법'을 알려준 영화가 있다.

안제이 바이다 감독이 만든 감동적인 영화《코르작, 1990》, 의사이자 교육자인 주인공 야누스 코르작 박사(1878~1942). 오늘날의 '아동의 권리 조약' 원안을 만든 사람으로 실제 인물이다.

1944년 9월 23일, 폴란드의 의사요 이름있는 동화작가 야누스 코르작. 그가 운영하는 고아원에 나치군이 들이닥쳤다. 모두 가스실로 후송되어 죽일 것이지만, 상부의 지시로 야누스는 빠지라는 나치군의 명령에도 아이들을 살려주든지, 아니면 아이들과 함께 하겠다며, 그는 끝내 죽음의 길로 나섰다.

그는 공포에 떠는 아이들에게, "우리는 오늘 소풍 간다. 가장 좋은 옷을 입고 나서라. 너희들과 끝까지 함께 한다!" 말하면서, 192명의 어린이와 함께 독가스실에서 죽었다.

"어린이들은 존중받고 보호받아야 한다. 존중받고

보호받으며 자란 어린이는 다른 사람을 존중하고 보호하는 어른이 된다." 그의 교육철학이다.

개학 연기 투쟁을 한다. 투쟁이라는 단어가 부끄럽다.

엽서를 태우다가

이외수

지난밤 그대에게 보내려고 써 둔 엽서
아침에 다시 보니
부끄럽다는 생각이 들어
성냥불을 붙였다
끝까지 타지 않고 남은 글자들

외
로
움

무료급식소 줄 선 노인들 외면하지 말아야

"정부 차원에서 잔식 기부 제도화해야"*

"새해 첫날 붐비는 무료급식소… 세 끼 먹으면 다행이죠"†

2024년 1월 12일, 한 온라인 커뮤니티에 '음식물 쓰레기통 뒤지는 할아버지'가 방송되었다. 커다란 짐을 짊어진 한 할아버지가 음식물 쓰레기통 주변을 서성이다가 쓰레기통 안의 내용물을 한 움큼 집어서 입에 넣는

---

* 「일요서울」 2024년 2월. 8일자. https://www.ilyoseoul.co.kr/news/articleView.html?idxno=484149.

† 「뉴시스」 2024년 1월. 1일자. https://v.daum.net/v/20240101150910095.

영상은 아직도 누군가는 덜 먹거나 굶는다는 우리 사회의 슬픈 현실을 보여줬다.

우리 주위에는 아직도 손도 대지 않은 남은 음식(잔식, 예배식)을 그냥 버려야 할 '음식물 쓰레기'로만 생각한다.

오늘도 세 끼 먹으면 다행이라는 분들이 있다. 수원 연무동 무료급식소에는 긴 줄로 하루를 시작한다. 그 줄은 보고픈 누군가를 기다리는 줄이 아닌, 시간이 되어 오늘 저녁 허기진 배고픔의, 외로움의 긴 줄이다. 나는 그 외로움의 긴 줄을 보며, 퇴근을 한다. 비가 오면, 더 외로운 긴 줄을 보며.

선거 때면 노인들을 위한 정책이, 선거 끝이면 소멸이다.

소외계층 등의 정책과 공약은 '즉시!' 해야 한다. 시간이 그들에겐 없다.

생활고로 동반 자살한 뉴스가 자막에 나왔다.

주인 아주머니께 "죄송합니다. 마지막 집세와 공과금입니다. 정말 죄송합니다."

"To love another person is to see the face of God"(다른 사람을 사랑하는 것은 신의 얼굴을 보는 것입니다).

_ Jean Valjean

손과 밤의 끝에서는*

박준

까닭 없이 손끝이
상하는 날이 이어졌다

책장을 넘기다
손을 베인 미인은
아픈데 가렵다고 말했고
나는 가렵고 아프겠다고 말했다

여름빛에 소홀했으므로

---

* 박준, 『우리가 함께 장마를 볼 수도 있겠습니다』 (문학과지성사, 2018).

우리들의 얼굴이 검어지고 있었다

어렵게 새벽이 오면

내어주지 않던 서로의 곁을 비집고 들어가

쪽잠에 들기도 했다

“이제 욕하면 끊습니다”, 민원공무원 보호한다*

“민원공무원은 악성 민원인이 욕설, 협박, 성희롱 등 폭언을 할 경우 통화를 강제 종료할 수 있다.”

자살을 거꾸로 읽으면 ‘살자’다.

살고자 밥을 먹는 숟가락과 죽음의 도구인 삽은 매우 닮았다.

삶과 죽음은 오직 입에서 나온다고 해도 과언이 아니다.

말이 누군가에겐, 초대장이 될 수 있고 부고장이 될

---

* 「아시아경제」 2024년 5월. 3일자. https://v.daum.net/v/20240503182929739.

수 있다.

한마디의 말이 진실이 없다면

천 마디의 말을 더 해도 소용이 없다.

흔한 말이라고 하지만, 말은 존중의 깊이이고 배려의 시작에서 비롯된다.

신형철의 『인생의 역사』에서 알게 된 시가 있다.

"아픈데 가렵다"는 가렵다고 말해 안심시키려 하는 말이고, "가렵고 아프겠다"라는 것은 나는 너의 아픔에 집중하고 있음을 알리기 위해 하는 말로, 같은 말이 아니라는 것이다.

그는, 이 작은 차이는 그것을 감지하지 못하는 이에게는 '없는' 차이이지만, 일단 알게 되면 '큰 차이'가 있다고 한다. 말이 중요한 이유이다. 물론 순서도.

날마다 하늘이 열리나니

이외수

팔이 안으로만 굽는다 하여
어찌 등 뒤에 있는 그대를 껴안을 수 없으랴
내 한 몸 돌아서면 충분한 것을

지금, 우리가 배워야 할 지식은 '다 함께!'

배우 이요원의 기억록 강주룡* 편, 영상에 나오는 글이다.

> "내 한 몸뚱이 죽는 것은 아깝지 않습니다. 대중을 위해 나를 희생하는 일은 명예스러운 일이란 것이, 내가 배운 가장 큰 지식입니다."

강주룡은 1931년 5월 29일 새벽 공장에서 쫓겨나 정처 없이 거리를 걷다가 무명천 밧줄을 타고 을밀대(乙密臺) 지붕 위에 가까스로 오른 뒤 날이 밝아오자 산

---

* 강주룡: 한국의 독립운동가. 2007년 건국훈장 애족장을 추서 받았다.

책 나온 평양시민을 향해 연설했다. 한국 역사상 최초의 고공농성이었다. 체포된 뒤 평양형무소에서 옥고를 치르다가 1932년 8월 13일 31세로 병사했다.

지금도 타인을 위해, 하나뿐인 삶을 희생하는 분들이 있다. "우리가 남이가?"를 외치면서, 개인의 이익을 위해 뭉치는 비리의 시대는 갔다. '우리 다 함께'라는 기쁨과 슬픔을 함께 나누는, 그런 시대가 와야 한다.

지금, 우리가 배워야 할 지식은 '다 함께!'라고….

사람과 인간

최영재

엄마 생일에 고모가 왔다.

거실의 화려한 꽃다발을 보고는

"어머, 예쁘기도 하네."

"호호호, 우리 그 사람이 준 선물이에요."

고모는 갑자기 얼굴을 홱 바꾸더니

"으유, 우리 그 인간은 도대체 생전 이런 걸 몰라!"

사람과 인간은 다른가?

"감사 느슨하게 해줄게", 비리 의혹 유치원 · 교육청 협의 문건 논란*

감사실 관계자는 유치원 측에 또 "오히려 면죄부를 받을 좋은 기회", "(감사 후) 문제 발생 시 해당 유치원과 협의를 거쳐 조치할 수 있게 '요청'했다" 등 감사실이 봐주기식 감사를 위해 조직적으로 움직이고 있음을 시사하는 표현까지 사용했다. (중략) 실제, 이후 해당 유치원은 1년 가까이 감사를 거부하다 최근 도교육청에 감사를 받겠다는 내용의 공문을 보냈다.

"감사 느슨하게 해줄게." 감사 담당 공무원이 피감기관인에게 한 말이다.

---

* 「한국일보」 2020년 2월 24일자. https://v.daum.net/v/20200224190259758.

개인적인 일탈과 공범이 있기 때문이다. 사익을 얻고자 양심을 너무 쉽게 버렸다. 침묵하는 자도 공범이다.

검사에게는 검사 선서문이 있다.

검사 선서문*

이 순간 국가와 국민의 부름을 받고 영광스러운 대한민국 검사의 직에 나섭니다. 공익의 대표자로서 정의와 인권을 바로 세우고 범죄로부터 내 이웃과 공동체를 지키라는 막중한 사명을 부여받은 것입니다. 나는 불의의 어둠을 걷어내는 용기 있는 검사, 힘없고 소외된 사람들을 돌보는 따뜻한 검사, 오로지 진실만을 따라가는 공평한 검사, 스스로에게 더 엄격한 바른 검사로서, 처음부터 끝까지 혼신의 힘을 다해 국민을 섬기고 국가에 봉사할 것을 나의 명예를

---

* '검사 선서'는 2008년 10월 이명박 정부 시절에 제정되어 지금까지도 신임 검사 임명 시에 사용한다.

걸고 굳게 다짐합니다.

"감사 느슨하게 해줄게"라고 말한, 그들에게는 '지치득거'*가 보인다.

핥을 지, 치질 치, 얻을 득, 수레 거 '치질을 핥아 수레를 얻는다.'

"그 사람이 살아온 날들을 보면, 그 사람이 살아갈 날들이 보인다." 그렇다.

---

* 『장자』 「열어구」에 나오는 우화로, 비열하게 아부하여 더러운 이익을 취한다.

장마전선

이외수

흐린 날

누군가의 영혼이

내 관절 속에 들어와 울고 있다

내게서 버림받은 모든 것들은

내게서 아픔으로 못 박히나니

이 세상 그늘진 어디쯤에서

누가 나를 이토록 사랑하는가

저린 뼈로 저린 뼈로 울고 있는가

대숲 가득 쏟아지는 소나기 소리

인생 성공 단십백만

"선생님, '인생 성공 단십백'이 뭔지 아세요?"
학생이 물었다. 모른다고 답하자, 학생이 말한다.
"한평생 살다가 죽을 때 한 명의 진정한 스승과 열 명의 진정한 친구 그리고 백 권의 좋은 책을 기억할 수 있다면 성공한 삶이래요."
나는 재빨리 내 삶이 성공인지 실패인지 따져 보았다.
_ 장영희, 『문학의 숲을 거닐다』 중에서

나는 인생 성공 단십백에 '만'을 더하고 싶다.
'인생 성공 단십백만'

"만세!!! 만만세!!!
고생하셨습니다.
역사를 씁니다!!
정말 제게 귀한 분입니다. 고맙습니다."

2020년 1월 13일, 유치원 3법이 통과된 저녁에, 나는 카톡 문자를 받았다.

살면서, 만세삼창까지 받은 나는, 맘카페 엄마들, 비범국, 공익제보한 선생님들과 함께 아이들만을 위해 진실을 말한, 그분들의 '덕'이라 생각한다.

헤르만 헤세는 "자기가 할 수 있는 일을 수행하며 사는 사람은 모두 영웅이다"라고 말했다.

'내가 무엇을 누구에게 베풀었다'라는 것이 아닌, 무

주상보시*인 것이다.

* "집착 없이 남에게 베풀어 주는 일"을 의미하는 불교 교리로 보상심리가 없는 보시다.

한 친구에 대해 난 생각한다

막스 에르만

한 친구에 대해 난 생각한다.
어느 날 나는 그와 함께 식당으로 갔다.
식당은 손님으로 만원이었다.
주문한 음식이 늦어지자

친구는 여종업원을 불러 호통을 쳤다.
무시를 당한 여종업원은
눈물을 글썽이며 서 있었다.
그리고 잠시 후 우리가 주문한 음식이 나왔다.

난 지금 그 친구의 무덤 앞에 서 있다.

식당에서 함께 식사를 한 것이

불과 한 달 전이었는데

그는 이제 땅속에 누워 있다.

그런데 그 10분 때문에 그토록 화를 내다니.

직장 내 괴롭힘의 극단적 사례*

약 1년 전 25살 나이로 생을 마감한 ○○○씨는 사건 기록을 살핀 판사가 직장 내 괴롭힘의 '극단적인 사례'라고 칭할 정도로 매일 직장 상사 A씨(41)로부터 상상을 초월하는 폭언과 압박에 시달렸다.
"도저히 탈출구를 찾을 수 없어 결국 죽음을 선택할 수밖에 없었던 피해자가 겪었을 정신적 고통, 두려움, 스트레스는 가늠조차 어렵다"며 "이 사건은 직장 내 괴롭힘 또는 직장 내 갑질의 극단적인 사례를 보여준다"고 했다.

* 「아시아경제」 2024년 5월 1일자. https://v.daum.net/v/20240501195002746.

잘못된 말이 입힌 상처는 칼날보다 날카롭다.

폭언과 압박으로부터 '도저히' 탈출구를 찾을 수 없어 죽음을 선택한 청년에게,

"괜찮아."

"걱정마."

"힘들지." 이 말이, 간절히 듣고 싶지 않았을까? 단, 한 번이라도….

"아무렇지 않은 사람이 아무렇지 않아 보였다면, 그게 얼마나 눈물겨운 노력의 결과였는지는 한 번도 생각해 본 적 없으시죠."

_박완서, 「기나긴 하루」의 일부

허물

정호승

느티나무 둥치에 매미 허물이 붙어 있다
바람이 불어도 꿈쩍도 하지 않고 착 달라붙어 있다
나는 허물을 떼려고 손에 힘을 주었다

순간
죽어 있는 줄 알았던 허물이 갑자기 몸에 힘을 주었다
내가 힘을 주면 줄수록 허물의 발이 느티나무에 더
착 달라붙었다

허물은 허물을 벗어 날아간 어린 매미를 생각했던 게
분명하다

허물이 없으면 매미의 노래도 사라진다고 생각했던
게 분명하다

나는 떨어지지 않으려고 안간힘을 쓰는 허물의 힘에
놀라
슬며시 손을 떼고 집으로 돌아와 어머니를 보았다

팔순의 어머니가 무릎을 곧추세우고 걸레가 되어 마루
를 닦는다
어머니는 나의 허물이다

어머니가 안간힘을 쓰며 아직 느티나무 둥치에 붙어있
는 까닭은
아들이라는 매미 때문이다

부처 간 상반된 정책으로 혼란 가중

부처 간 상반된 정책으로 집단급식소 미배식 음식 전량 쓰레기 둔갑 논란*
재활용 기부도 안 돼, 코로나19 장기화에 불황 업계
폐기물 처리 비용까지 골머리

식약처와 교육부는 배식 시간을 초과하면 무조건 폐기해야 한다는 입장인 반면 환경부는 음식물 쓰레기를 줄여야 한다는 입장이다. 부처 간 상반된 정책 방향으로 인해 현장에서 혼선만 가중되는 실정이다. 따라서

---

* 「비즈한국」 2021년 3월 18일자. https://post.naver.com/viewer/postView.nhn?volumeNo=30976161&memberNo=30808112.

업계는 부처 간 상충된 정책방향에 대한 국무총리실의 합리적인 정책 조율이 시급하다고 지적하고 있다.

환경부 관계자는 "환경보호와 국가적 자원 낭비를 막기 위해 음식물 쓰레기 배출을 최대한 줄이는 노력이 절실하다"고 주장했다.

환경부에 따르면 음식물 쓰레기 배출량은* 하루 약 1만 5000톤이며 이로 인한 연간 경제적 손실은 20조 원을 상회하는 것으로 추산된다. 가뜩이나 음식물 쓰레기로 인한 환경오염 문제로 어려움을 겪고 있는데도, 집단급식소의 음식물 쓰레기 배출량이 좀처럼 줄어들지 않는 이유다.

정부는 "(내년엔) 무엇보다 부처 간 칸막이를 과감하게 허물고, 과제 중심으로 부처 간 협력을 강화해야 한다"라고 한다. 말뿐이다.

---

* 「주간경향」 2024년 1월 5일자. "환경부 "긍정 검토 중", 관건은 '예산'," https://v.daum.net/v/20240105163006723.

부처 간의 변화와 혁신, 그 허물을 벗지 못하면 더 이상, 살아갈 수 없다.

동물이 허물을 벗는 이유는 살기 위함이다.

사람이건, 동물이건 그래야 산다. 부처 간의 허물도 내려놓아야 한다.

일미칠근(一米七斤), 쌀 한 톨을 만들려면 일곱 근의 땀을 흘려야 한다. 쌀 한 톨을 만들어 내는 농부의 노고에 감사하고, 함부로 버리지 말아야 할 이유이다.

수원의 무료급식소 입구에는 이런 글이 있다.

"한 끼는 생명이자 약이다."

잔치를 베풀거든 차라리 가난한 자들과 몸 불편한 자들과 저는 자들과 맹인들을 청하라(누가복음 14: 13).

그 마음에는*

신석정

그 사사로운 일로
정히 닦아온 마음에
얼룩진 그림자를 보내지 말라

그 마음에는 한 그루 나무를 심어
꽃을 피게 할 일이요
한 마리 학으로 하여 노래를 부르게 할 일이다.

대숲에 자취 없이 바람이 쉬어가고

---

* 신석정, 『신석정 시선』(지만지, 2013).

구름도 흔적 없이 하늘을 지나가듯
어둡고 흐린 날에도 흔들리지 않도록 받들어

그 마음에는 한 마리 작은 나비도,
너그럽게 쉬어가게 하라.

천상 공무원, 시처럼 마음에 여유를

저는 지금 공무원 아들과 며느리를 둔 아버지입니다만, 처남(오종민, 전 경기도교육청 사립유치원특정감사팀장)에 대해 얘기하고자 합니다.

그는

1990년 상관 공무원의 뇌물 등 비리를 제보한 후 사표를 던지고, 1999년 경기도 광주에서도 주변 상관 등 공무원 비리 제보로 고초를 겪고, 2015년 사립유치원 특정감사로, 고발과 고소 등 현재도 진행형입니다.

공무원으로서 공정하게 비리 등 잘못을 바로잡는 일이, 본인(오종민)과 가족들까지도 고통스러운 날들을 보내야 하는지 도대체 이해가 가지 않습니다.

그는 후배의 길에, 마음에, 얼룩진 그림자를 남기려 하지 않으려고 노력했습니다.

그 마음에, 언젠가는 꽃이 피고, 그 꽃에서 쉬는 나비를 생각하면서, 쉼 없이 노력했던….

그는,

불의와 타협하지 않고 공공의 이익을 먼저 생각하는 천상 공무원의 삶을 살아 온, 그동안의 삶에 경의를 표하며, 이제는 이 시처럼 마음에 여유를 가지고, 너그럽게 쉬어가라고 말해주고 싶습니다.

제발!

2부

사람과 시(詩)

신동엽 시인과 가수 김민기

김거성

(전 청와대 시민사회수석)

나는 기독교의 성서 다음으로 신동엽(1930~ 1969) 시인의 시를 좋아했다. 1980년대 초에는 그의 시집을 끼고 살다시피 했다. 신동엽 시인은 〈누가 하늘을 보았다 하는가〉라는 시에서 이렇게 노래한다.

누가 하늘을 보았다 하는가
누가 구름 한 송이 없이 맑은
하늘을 보았다 하는가.

네가 본 건, 먹구름

그걸 하늘로 알고
일생을 살아갔다.

네가 본 건, 지붕 덮은
쇠 항아리,
그걸 하늘로 알고
일생을 살아갔다.

닦아라, 사람들아
네 마음속 구름
찢어라, 사람들아,
네 머리 덮은 쇠 항아리.

아침저녁
네 마음속 구름을 닦고
티 없이 맑은 영원(永遠)의 하늘
볼 수 있는 사람은

외경을
알리라

아침저녁
네 머리 위 쇠 항아릴 찢고
티 없이 맑은 구원의 하늘
마실 수 있는 사람은

연민(憐憫)을
알리라

차마 삼가서
발걸음도 조심
마음 조아리며.

서럽게
아 엄숙한 세상을
서럽게

눈물 흘려

살아가리라

누가 하늘을 보았다 하는가,

누가 구름 한 자락 없이 맑은

하늘을 보았다 하는가.

이 시에서 신동엽 시인은 '누가 하늘을 보았다 하는가'라고 문제를 제기한다. 충남 부여에 있는 신동엽문학관* 관장인 김형수 시인에 따르면, 이 시가 나오게 된 배경 이야기가 있다고 한다.†

어쨌거나, 여기서 시인이 말하고자 하는 것은 스스로 모든 것을 깨우쳤다고 하지만 실상은 하늘이 아니라 '먹구름과 쇠 항아리'에 불과한 거짓을 지적한다. 선전과 선동, 이데올로기로 물들어 있는 우리 생각, 그리고 거기에 안주하며 탐욕에 찌들어 있는 우리 시대의 거짓 의식을 폭로한 것 아닐까? 마치 "니들이 게맛을 알어?"라는 유명했던 광고 카피처럼 말이다.

여기 나오는 "아침저녁 / 네 마음속 구름을 닦고 / 티 없이 맑은 영원(永遠)의 하늘 / 볼 수 있는 사람"이 알 수 있는 교회의 용어로 표현하면 '영성' 또 '하나님 사랑'

---

* http://www.shindongyeop.com.

† https://www.youtube.com/watch?v=3-WECO7WojY.

이라고 하겠다. 진정으로 하나님을 사랑하는 것은 하나님 앞에 자신의 부족함을 내어놓고 조용히 무릎을 꿇는 일이다. 이 '외경'(畏敬)이란 하늘을 두려워하며 공경하는 것 아닌가?

그런데 '하늘'은 '하느님'과 통한다. 시인은 그래서 그의 시 「껍데기는 가라」에서 "동학년 곰나루의 아우성만 살고 껍데기는 가라"고 하지 않았던가? 사람이 곧 한울이라는 아우성 말이다.

노벨 평화상을 받았던 신학자이며 의사인 알베르트 슈바이처 박사가 '생명에의 외경'*(die Ehrfurcht vor dem Leben)이라고 표현한 것도 이와 다르지 않을 것이다. 그 깊이에서의 생명에 대한 존중은 신학적으로 하나님과 더불어 이웃에 대한 사랑으로 연결된다.

사람들은 흔히 그 범위를 스스로 한정한다. 어떤 경우에는 가족, 또는 자신이 속한 공동체의 테두리 내로

---

* https://albert-schweitzer-heute.de/gedanken-zur-ethik-der-ehrfurcht-vor-dem-leben.

그 사랑의 대상을 제한하는 것이다. 그리고 자신이 임의로 정한 범위 밖에서는 어떤 일이 일어나든 상관하지 않으려 한다. 아니 출신지, 연령, 학력, 피부색, 빈부, 지위, 또는 결혼 여부, 성적 지향 등을 이유로 상대방을 멸시하고 차별하고 박대하면서 스스로 진정한 사랑을 실천하고 있는 것처럼 행세하기도 한다. 진정한 의미에서 공감은 없다.

이 「누가 하늘을 보았다 하는가」라는 시에서 첫 번째의 '외경'과 함께 "아침저녁 / 네 머리 위 쇠 항아릴 찢고 / 티 없이 맑은 구원의 하늘 / 마실 수 있는 사람"이 알 수 있는 '연민'이란 시어가 나온다. 이를 달리 표현하면 '이웃 사랑', '공감'(empathy), '연대성'(solidarity)이라 말할 수 있을 것이다. 그 외경과 연민이 마음 깊은 곳에 자리 잡고 있으며 또 삶 속에서 이를 실천하는 것이다.

얼마 전 〈학전 그리고 뒷것 김민기〉라는 SBS 다큐멘터리 등을 통해 작곡가이며 가수인 김민기의 근황이 전해졌다.* 이 프로그램을 통해 한동안 잊고 있었던 그의 삶을 다시 떠올릴 수 있었다.

내가 좋아하는 그의 노래들 가운데 〈아하 누가 그렇게〉(1971)가 있다.* 그가 낮은 목소리로 부르는 이 노래 가사에 그의 삶의 관심과 지향이 녹아 있는 것 아닐까?

첫째 연에서 그는 이렇게 노래한다.

아하 누가 푸른 하늘 보여주면 좋겠네
아하 누가 은하수도 보여주면 좋겠네
구름 속에 가리운 듯 애당초 없는 듯
아하 누가 그렇게 보여주면 좋겠네

---

* https://www.youtube.com/watch?v=2n0L0IKgMMQ; https://www.youtube.com/watch?v=2OAAc24wAY0; https://www.youtube.com/watch?v=ogjSj1AVFTw; https://www.youtube.com/watch?v=sH7JjTD3rWQ; https://www.youtube.com/watch?v=uZYjn-WPIFA. 이전 2018년 JTBC 인터뷰: http://news.jtbc.joins.com/article/article.aspx?news_id=NB11696123.

* https://blog.naver.com/gentlepys/223251571359. 김민기는 다큐멘터리 방송 두 달 후인 2024년 7월 암 투병 끝에 사망했다.

이 가사를 신동엽 시인의 "누가 하늘을 보았다 하는가 / 누가 구름 한 송이 없이 맑은 하늘을 보았다 하는가"라는 시구와 대비시켜 이해하면 좋겠다, 이런 생각을 한다. 그렇게 보면 이 첫째 연은 사람과 하나님과의 관계를 노래하는 것으로 받아들일 수 있겠다.

이어지는 둘째 연은 사람과 사람 사이의 관계를 노래한다.

아하 누가 나의 손을 잡아주면 좋겠네
아하 내가 너의 손을 잡았으면 좋겠네
높이 높이 두터운 벽 가로놓여 있으니
아하 누가 그렇게 잡았으면 좋겠네.

셋째 연은 어떤 내용일까? 바로 사람과 자연과의 관계이다.

아하 내가 저 들판에 풀잎이면 좋겠네
아하 내가 시냇가에 돌멩이면 좋겠네

하늘 아래 저 들판에 부는 바람 속에
아하 내가 그렇게 되었으면 좋겠네.

자연에 대한 인간의 책임은 이웃에 대한 책임을 시간적으로 확대한 것과 다름없다. 우리들의 탐욕을 채우기 위해 자연을 훼손, 파괴한다면, 이는 미래 이웃들에 대한 책임 방기에 해당한다. 특히 기후변화에 대한 전 세계적인, 그리고 국가와 기업, 개개인의 책임을 다시 새겨야 한다. 기후변화대응지수라는 인덱스가 있다. 67개 주요국을 평가한 결과 우리나라는 사우디아라비아, 이란, 아랍에미레이트연합(UAE) 등 산유국 셋을 제외하고는 최하위인 64위로 나타났다. 이는 미래 이웃들의 생존권 문제에 다름 아니다. 저 들판의 풀잎이나 시냇가의 돌멩이와 자신을 동일시할 정도로 자연에 대한 책임을 새겨야 한다.

이렇게 해석해 보면, 김민기의 〈아하 누가 그렇게〉 노래에 담긴 주제들이 이처럼 외경과 연민을 노래한 신동엽 시인의 '궁극적 관심'들과 서로 통한다. 그가 살아온 삶이 이를 실천하고자 하는 삶이었다. 그래서 그는 지금까지 '뒷것'으로 '돈 안 되는 일'을 해온 것 아닐까?*

이러한 삶을 지향하고 실천하는 사람들을 나는 존경하고 사랑한다. 그도 이 가운데 한 사람이다.

---

* https://www.hani.co.kr/arti/opinion/column/1119322.html.

기억할 만한 지나침*

장하나

(전 국회의원, 정치하는엄마들 사무국장)

그리고 나는 우연히 그곳을 지나게 되었다
눈은 퍼부었고 거리는 캄캄했다

움직이지 못하는 건물들은 눈을 뒤집어쓰고
희고 거대한 서류뭉치로 변해갔다

무슨 관공서였는데 희미한 불빛이 새어나왔다
유리창 너머 한 사내가 보였다

---

* 기형도, 『입 속의 검은 잎』(문학과지성사, 1989).

그 춥고 큰 방에서 서기(書記)는 혼자 울고 있었다!
눈은 퍼부었고 내 뒤에는 아무도 없었다

침묵을 달아나지 못하게 하느라 나는 거의 고통스러웠다
어떻게 해야 할까, 나는 중지시킬 수 없었다
나는 그가 울음을 그칠 때까지 창밖에서 떠나지 못했다

그리고 나는 우연히 지금 그를 떠올리게 되었다
밤은 깊고 텅 빈 사무실 창밖으로 눈이 퍼붓는다
나는 그 사내를 어리석은 자라고 생각하지 않는다

나의 '인생의 시'들은 죄다 우울하고 비관적이고 절망적이다. 하여 원고를 요청받았을 때 난감하기 그지없었다. 나에게 시와 희망은 병립할 수 없는 것이었다. 나는 시에서 시인에 눈에 비친 나락을 본다. 시인과 함께 추락한다. 죽지 못해 살아남은 시인과 함께 나도 망가진 몸뚱이를 일으킨다. 힘찬 새출발 같은 건 없다. 상처와 골병에 찌든 몸을 이끌고 다시 터벅터벅 발을 옮길 뿐이다. '포기하기에는 아직 고난이 부족하다.' 가장 암울한 시구(詩句)를 읽으며 그런 생각을 한다. 희망이 다 밝을 필요는 없다. 어두움이야말로 나에겐 희망의 근거다.

기형도 작가의 유작이자 유일한 시집 『입 속의 검은 잎』이 그러하다. 오래간만에 책장에서 빛바랜 시집을 꺼내어 본다. 서두의 '시작(詩作) 메모'부터 「엄마 걱정」까지 한 호흡에 읽어 내렸다. 1989년 5월 30일 초판 발행, 1992년 4월 30일 17쇄 발행, 값 3,000원. 쉰이 안된 나에게 참으로 긴 인연이다. 이 책을 처음 읽었을 나이에, 나는 자라서 공익 활동가가 되거나 국회의원이 될 줄은 까맣게 몰랐다. 인생은 지도 없는 여행이기 때문이다. 길 위에서 무엇을 만날지, 길 끝에 무엇이 있을지 결코 알 수 없다. 바다에 닿기 위해 선택한 길이 산으로 이어지기도 한다. 인생의 의미는 기착지와 도착지에 있지 않다. 한 걸음 한 걸음이 인생이었고 의미였다.

활동가들은 늘 하고 싶은 말을 하고, 하고 싶은 대로 행동을 하고, 매사에 거침이 없을 것 같지만 나는 그렇지 못하다. 나의 꿈과 오늘의 현실, 그 버거운 온도 차에 주눅이 들고 무기력하기 일쑤다. 눈부신 희망 같은 건 단 한 번도 본 적이 없다. 희망은 창호지에 난 구멍으로 스며든 달빛처럼 미약하다. 같은 방 안에서도 커다란 어두움만을 보는 사람이 있고, 희미한 빛을 보는 사람도 있다.

희망은 빛이 아니라 그걸 찾아내는 눈에 있는 것이다. 나는 세상을 바꾸고 싶다. 꿈이 커서 곤란하다. 큰 꿈을 꾸는 사람은 절망도 크다. 자주 울기도 한다.

그러나 '나는 그 사내를 어리석은 자라고 생각하지 않는다.'

꽃들을 보면

김정례

(전 경기도교육청 유아교육과장)

세상을 아름답게 만드는
꽃들을 보면 행복하다.
상상의 나래를 펼 수 있는
꽃들을 보면 즐겁다.

꽃잎이 치마가 되고
잎사귀가 모자가 되고
줄기가 다리와 팔이 되어
나와 친구들과 대화를 나눈다.

꽃들을 보면

저절로 미소가 지어진다.

꽃들을 보면

어떤 말을 할까? 궁금해진다.

꽃들을 보면

마음이 평안해진다.

꽃들을 보면

사랑이 넘쳐흐른다.

압화를 만드는 동아리가 있어 합류했다.

꽃의 아름다움은 누구나 느끼는 바일 것이다.

다른 각도에서 꽃들과의 대화가 시작되었다.

예전에 꽃잎이나 잎사귀들을 책갈피 사이에 끼워 말렸던 기억이 났다.

이야기를 쓰고 거기에 알맞은 꽃과 풀들을 말려 『정아의 소원』이라는 압화 동화책을 처음으로 펴냈다.

두 번째 이야기책을 만들기 위해 시간을 보내는 중에 압화로 만들기 전, 꽃들과 잎사귀, 줄기들을 조합하니 또 다른 세계가 보인다.

경험과 생각은 의도치 않은 새로움에 도전하게 된다.

끊임없는 배움은 생각을 깊게 하고, 생각은 또 다른 창작물을 탄생시킨다.

길 위에서의 생각*

최진숙

(전 경기도교육청 유아담당 장학관)

집이 없는 자는 집을 그리워하고
집이 있는 자는 빈 들녘의 바람을 그리워한다.

나 집을 떠나 길 위에 서서 생각하니
삶에서 잃은 것도 없고 얻은 것도 없다.

어떤 자는 울면서 웃을 날을 그리워하고
웃는 자는 또 웃음 끝에 다가올 울음을 두려워한다.

* 류시화, 『그대가 곁에 있어도 나는 그대가 그립다』(열림원, 2015).

나 길가에 피어난 풀에게 묻는다.
나는 무엇을 위해 살았으며
또 무엇을 위해 살지 않았는가를

살아 있는 자는 죽을 것을 염려하고
죽어가는 자는 더 살지 못함을 아쉬워한다.

자유가 없는 자는 자유를 그리워하고
어떤 나그네는 자유에 지쳐 길에서 쓰러진다.

사람은 자기가 갖지 못한 것을 평생 그리워하며 살아갑니다.

저도 그 어떤 그리움을 끝없이 추구하며 살아가고 있습니다. 무엇 때문에 평생 못 가진 것을 그리워하며 살아가는 것일까에 대한 고민에 이 시가 주는 위로는 나에게 주어진 내 삶을 사랑하고 내 삶의 자유를 위해 살아갈 수 있는 희망을 제공해 주기에, 마음이 바닥에 가라앉을 때 꺼내어 읽어보는 내 인생의 시로 소개해 봅니다.

저에게 있어서 시는 새로운 시각을 얻고 감정을 공감하며 세상을 바라보는 새로운 시각을 찾을 수 있는 매력적인 문학적 장르입니다.

시를 통해 얻는 힐링은 마음의 여행을 하는 것으로, 시는 우리를 위안하고, 우리가 겪는 어려움과 아픔을 이해해 주기도 합니다. 또한 시는 우리의 상상력을 자극하고 새로운 관점을 제시하여 삶에 대한 통찰력을 얻게 해줍니다. 그래서 시를 통해 마음의 상처를 치유하고 새로운 희망을 찾을 수 있게 된다고 생각합니다.

너의 하늘을 보아*

최영수
(전 경기도교육청 미래정책과 장학관)

네가 자꾸 쓰러지는 것은
네가 꼭 이룰 것이 있기 때문이야

네가 지금 길을 잃어버린 것은
네가 가야만 할 길이 있기 때문이야

네가 다시 울며 가는 것은
네가 꽃 피워 낼 것이 있기 때문이야

---

* 박노해, 『너의 하늘을 보아』 (느린걸음, 2022).

힘들고 앞이 안 보일 때는 너의 하늘을 보아

네가 하늘처럼 생각하는
너를 하늘처럼 바라보는

너무 힘들어 눈물이 흐를 때는 가만히
네 마음의 가장 깊은 곳에 가 닿는

너의 하늘을 보아

바보 같은 사람이다.

그는 Stupid한 바보가 아니다. 나아갈 길이 어렵고 힘듦이 명확함에도 굳이 마다하지 않고 직진하는 바보다. 그에게 적절한 타협은 어울리지 않는다.

정의로운 사람이다.

그는 불의를 보면 눈감지 못하는 사람이다. 그가 살아온 삶의 궤적을 보면 정의가 머리부터 발끝까지 가득 차 있음을 알 수 있다. 그에게 어울리는 호를 지어줄 기회가 나에게 주어진다면 주저 없이 정의(正義)라고 할 것이다.

화롯불 같은 사람이다.

그는 어려운 사람들을 공감하고, 사회적 약자에 대한 도움을 늘 생각하고, 가진 자와 기득권자보다는 사회적 소수자에게 관심을 실천하는 따뜻한 가슴을 가진 사람이다.

냇물 같은 사람이다.

그는 고여있는 물보다는 쉼 없이 흐르는 냇물 같은 사람이다. 현재에 안주하지 않고 문제를 찾고 대안을 제시하는 노력을 게을리하지 않는 사람이다.

인동초를 닮은 사람이다.

그는 추운 겨울을 꿋꿋하게 견디고 보일 듯 말 듯한 곳에서 수줍게 꽃피어 은은한 향기를 풍기는 인동초를 닮은 사람이다. 화려하기보다는 사람을 끄는 묘한 향기를 가진 인동초처럼 사람다움의 향기로 가득한 사람이다.

이 시는 교육에 평생을 바치면서 학생을 대하는 나의 마음을 잘 표현한 것 같아 애송한다. 그래서 교직을 마무리하는 강의 'The Last Lesson'에서도 이 시로 마무리하였다. 나는 학생들이 자신만의 꿈을 찾고 경쟁과 비교 없이 자신만의 삶을 살아가기를 소망했다. 그렇게 살아가는 것이 때로는 버겁고 힘들어도 자신을 잃지 말고 스스로 부추기면서 자신만의 하늘을 스스로 만들고 가꾸기를 바랐다.

오종민은 자신만의 하늘을 가진 사람이다.

그는 탄탄대로를 걸어온 것 같지만 실제로는 거칠고 험한 길을 더 많이 걸어왔다. 앞으로 그가 걸어갈 길에 온갖 어려움이 있어도 당당하고 소신 있게 세상을 향해 나갔으면 하는 마음이다. 힘들고 어려울 때 자신만의 하늘을 보며 위로받고 다시 용기를 내어 사람다움이 넘치는 사회를 만들기 위해 노력하는 밀알이 되기를 소망한다.

당신과 나의 인연이 아름다웠으면 좋겠습니다*

김영미

(빵시미 대표)

아무렇게나 굴러다니는 구슬이라도
가슴으로 품으면 보석이 될 것이고
흔하디흔한 물 한 잔도
마음으로 마시면 보약이 될 것입니다

이웃이 있는 자는
사랑의 향기가 있을 것이고
이웃이 없는 자는

---

* 이채, 『마음이 아름다우니 세상이 아름다워라』 (행복에너지, 2014).

필시 마음의 가시가 있을 터

풀잎 같은 인연에도
잡초라고 여기는 자는 미련 없이 뽑을 것이고
꽃이라고 여기는 자는 알뜰히 가꿀 것입니다

당신과 나의 만남이
꽃잎이 햇살에 웃듯
나뭇잎이 바람에 춤추듯
일상의 잔잔한 기쁨으로
서로에게 행복의 여유가 될 수 있다면

당신과 나의 인연이
설령 영원을 약속하지는 못할지라도
먼 훗날 기억되는 그 순간까지
변함없이 진실한 모습으로
한 떨기 꽃처럼 아름다웠으면 좋겠습니다

회사 생활을 하다 개인 빵집(2020년 10월 13일 빵시미: 마음을 담아 빵을 만든다)을 하면서, 사람을 만나고 또 사람을 알고 그 지역의 이웃이 되고 지역의 일원이 되어 그들에게 사랑받기 위해 맛있는 빵을 만들려고 노력합니다.

처음엔 "어서오세요" 하다가 다음에는 "안녕하세요" 라고 인사를 합니다.

인사말 하나에도 기분이 달라지는 주인장과 손님, 어느새 정이 들고, 사랑이 싹틉니다.

빵시미의 하루가 한 달, 일 년이 지났습니다.

그러다 하루를 마감하면 남는 빵을 처리하는 것이 과제가 되었습니다.

우연히 장애복지센터에 빵을 기부하게 되었는데 제대로 전달되지 않아, 그것 역시도 못 하게 되어 걱정하던 때에 한 사람을 우연히 만나게 되고, 인연처럼 소개로 독거노인, 노숙자분들께 빵을 기부하게 되었습니다.

많은 양은 아니지만 저희가 드린 빵을 맛있게 드시고 고맙게 생각해 주시는 마음에 저희가 더 뿌듯함을 느낄 수 있어 참 좋았습니다.

팔고 남은 빵을 어딘가에 드리고 싶어도 방법을 몰라서 망설이던 일이 기부라는 행동양식으로 주고받을 수 있는 길을 만들어 실천하는 그분께 감사드립니다.

나눈다는 것을 어렵게만 생각하고 시간과 노력이 따라야만 할 수 있다고 생각했습니다. 행동으로 옮기는 사람을 보면 참 훌륭하다고 생각만 했습니다. 그런데, 생각을 실천으로 옮기면서 나눈다는 것이 어려운 일이 아니라는 것을 알 수 있는 시간이 되었습니다.

우연한 만남이 인연이 된 덕분에 나눔을 할 수 있어 참 좋습니다. 감사합니다.

사립유치원 개혁3법과 잔식 기부의 선한 메커니즘은 이 한 사람으로부터 시작되었다

배운기

(『불편하지만 따듯한 회생 · 파산 이야기』 지은이)

모든 공무원은 공복(公僕)으로서 헌법상 의무를 가진다. 현행 헌법 제7조에 "공무원은 국민 전체에 대한 봉사자이며, 국민에 대하여 책임을 진다"라고 규정되어 있다.

어떻게 봉사할 것인지 어떠한 책임을 질 것인지에 대한 것은 오롯이 공무원 개인에게 달려있다.

공무원 정원분석표에 의하면 우리나라의 공무원 수는 2023년 6월 30일 현재 1,171,632명이다. 백만 명이 넘는 공무원들이 입법 · 사법 · 행정의 각 영역에서 국가를 수호하고, 국민의 생명과 안전을 위해 봉사하고 있다. 대부분 공무원은 그들이 신규임용 때 선서했던 바대로 국민에 대한 봉사자로서의 자신의 역할에 충실할 것이다.

그럼에도 우리 사회에서 공무원에 대한 부정적 평가는 "복지부동의 철밥통, 영혼 없는 공무원"이라는 단어로 종지부를 찍는다. 공무원이 국가 조직의 구성원으로서 국가행정을 수행하고 국민에 대한 봉사자로서 역할에 충실해야 함은 불문가지다.

당연한 것임에도 부정적 평가를 받는 까닭은 무엇일까?

소극적 관행과 복지부동의 관성 속에서도 누군가는 자신의 직분에 충실한 책임과 의무를 다한다. 공무원 조직의 타성과 주어진 일만 한다는 조직문화 속에서도 누군가는 법령 규정을 넘어 실질을 파악하고 문제의식과 해결 방법을 찾는다. 하지만 모난 돌이 정 맞듯 조직과 구성원들의 틀에서 벗어난다는 것은 대단히 위험하고 고단한 일이 된다.

사립유치원 개혁3법의 트리거(Trigger), 어렵고 위험한 길

말도 많고 탈도 많았던 사립유치원의 회계와 관련된 문제제기는 사립유치원 개혁3법으로 나타났다. 유치원 개혁3법은 '사립학교법, 유아교육법, 학교급식법'이다. 사립유치원이나 어린이집은 일정 범주에서 이 법들의 적용을 받는다.

문제는 2020년 이 법들의 개정 이전에는 사립유치원 등의 회계나 재정에 관한 사항이 공적 규제에서 벗어나 있었다는 점이다. 이는 사유재산권의 행사라는 빌미 속에서 운영 주체의 방만과 비리의 단초를 제공했었다. 그전에도 이에 대한 문제 인식과 개선책에 대한 주장이 있었지만, 사회적 이슈가 되지 못했다.

사립유치원 개혁3법은 거창하게 불리지만, 막상 사립유치원의 회계 투명성을 강화하기 위한 개정에 불과했다. 그야말로 상식적인 내용의 개정임에도 관련 단체와 자유한국당(현 국민의 힘)의 반대 때문에 입법 과정은

험난한 과정을 거쳐야 했다.

모든 역사적 현장의 변화나 사회개혁의 시작에는 누군가의 특별한 노고가 숨어있다. 사립유치원 개혁3법의 통과에도 경기도교육청 감사관실에 근무했던 오종민 행정실장(현재)의 헌신이 있었다. 통상 감사업무는 피감기관의 업무처리 타당성과 위법성 여부를 감사하는 것이다. 위법 사안 적발 시 수사기관에 고발할 수도 피감기관에 시정을 요구할 수도 있다.

매년 반복되는 감사 현장에서 감사 담당 공무원들은 전임자들이 해왔던 감사업무를 관행적으로 반복해 오지 않았을까. 그 이유는 괜히 일을 크게 만들어 긁어 부스럼을 일으킬 수도 있고, 튀는 공무원이라고 주위로부터 비난을 받을 수도 있고, 관련 단체(정당, 이익단체), 정치인으로부터 부당한 압력을 받을 수도 있기 때문이었다. 문제는 이러한 불편한 진실 속에 갇힌 관행의 부정적인 감사 결과는 오로지 국민에게 나쁜 영향을 미친다는 것이다.

경기도교육청 오종민 교육행정실장(전 학교급식, 사립

유치원 특정감사 팀장)은 이러한 관행에서 벗어나 자신의 직분에 충실할 줄 아는 공무원이었다. 피감기관의 불법적인 관행이나 회계 비리 등 편법을 눈감을 수 없었던 까닭이다. 그는 사립유치원의 특정감사를 통해 유치원의 공공성과 회계 투명성을 확보하고자 노력했다. 그의 행동의 결과는 그동안의 부정과 부조리에 대한 반성적 계기를 마련했고, 부당한 현실에 대해 사회적 경종을 울렸다는 데서 의미가 크다. 그 결론이 사립유치원 개혁3법으로 나타났다. 하지만 지금부터가 시작이라고 한다.

학교급식 잔식 기부 제도화의 선구자, 아무도 가지 않은 길

배운기

(『불편하지만 따듯한 회생 · 파산 이야기』 지은이)

학교급식이 명목상으로 전면 도입된 것은 초등학교가 1998년, 중학교는 2002년이다. 적잖은 사회정치적 논란 끝에 지금은 초중고 모든 학교에서 무상급식이 실시되고 있다. 학교급식은 부모들을 도시락 고민에서 해방시켰고, 가정형편에 따른 형평성 논란에서도 사회적 부담을 벗어나게 했다.

학교급식은 예외 없이 잔식과 잔반을 남긴다. '잔식'은 배식하지 않고 남은 음식을 말하고, '잔반'은 배식 후 버려지는 음식을 말한다. 문제는 위생과 건강 문제로 인해 이 모두를 음식물 쓰레기로 배출해야 한다는 것이다. 음식물 쓰레기는 대략 연간 885만 톤의 온실가스를 배출하고, 이를 처리하기 위한 비용으로 연간 8천억 원 정도가 든다.

오종민 교육행정실장은 수원시 소재 효원고등학교로 발령받은 후 이와 같은 문제를 날카롭게 살펴보고 재인식했다. 대부분 일상에서 으레껏 지나치는 일로 치부했던 관행이 오실장에게 특별한 문제의식의 씨앗을 심어준 것이다. 사립유치원 감사 과정에서도 보여주었던 사명감이 그에게 영감을 던져주었다.

'어떤 방식으로 잔식을 기부하여 사회적 취약계층을 지원하고 나눔을 실천할 수 있을까?'
'어떻게 온실가스(음식물 쓰레기) 배출량을 줄여 환경문제를 해결할 수 있을까?'

"잔식을 푸드뱅크시스템에 기부하게 되면 음식물 배출량이 감소하고 비용 절감과 더불어 환경문제 개선에도 도움이 된다…"가 그의 결론이었다.

학교급식의 잔식(잔반) 처리에 관한 그의 문제의식은 잔식 기부와 예산 절감의 아이디어로 나타났다. 이 문제는 물론 환경문제 해결과 취약계층의 복지지원과도 맥락이 맞닿아 있다. 일거양득(一擧兩得)이 아닌 일거사득(一擧四得)의 제도를 만들어 낸 것이다.

오실장의 제안은 효원고등학교와 사회복지법인 효경의 손길 등과 계약하여 급식에서 발생하는 잔식 100%를 기부할 수 있게 했다. 잔식 나눔을 통해 음식물 쓰레기 40%를 절감하고, 음식물 쓰레기 위탁처리 비용도 연간 630여만 원을 절약할 수 있게 되었다.

학교급식 잔식 기부 제안은 탄소중립녹색성장위원회에서 국민제안(아이디어넷제로)으로 채택되어, 전국 최초로 경기도의회에서 조례로 제정되었다. 경기도의회 문승호 의원의 제안으로 제정된 「경기도교육청 학교급식 잔식 기부 활성화에 관한 조례」(2023. 10. 11. 시행)가 시행됨에 따라 경기도 내의 각급 학교에서 잔식 기부가 시행될 예정이다.

이 제도는 학교급식뿐만 아니라 단체급식이 발생하

는 공공기관이나 군부대 등에 확대 적용하면 더 많은 사회적 비용의 절감과 취약계층 복지지원의 선순환을 가져올 수 있다. 이런 사례는 어느 한 공무원의 문제 인식과 아이디어가 큰 사회경제적 파급효과로 나타난 바람직한 예이다.

공무원 개인의 열정과 사명감이 고통이 되지 않을 공동체를 기대하면서

두 가지 제도개혁(개선) 과정을 살펴보면, 오종민 교육행정실장에게 보이는 것은 사명감과 창의성이다. 자신이 맡은 업무를 주어진 그대로 보지 않고 제도의 존재 이유와 역할, 절차와 예산을 꼼꼼히 살펴 문제를 발견하고, 이를 개선하고자 하는 남다른 용기와 열정이다.

사명감은 공무원 선서나 법률 규정에서 나오지 않고 문제 인식과 개선 방안에 대한 고민과 용기에서 나온다. 누구든지 정해진 일과 주어진 일만 하는 것은 쉽다. 하지만 타인이 가지 않는 길과 남이 하지 못하는 일을 하는 것은 위험하다. 우리 사회의 다양한 층위에 존재하는 문제를 입체적으로 분석하고 제도 개선책을 마련하는 것은 기득권과 공무원 조직의 반발도 감수해야 한다.

공무원 개인이 자신의 맡은 바 소임을 다하고 공무원의 존재 이유를 명백히 밝히면서 살아가기가 쉽지는 않다. 더 특별한 헌신과 노고가 필요하기 때문이다. 조직 내에서 이를 시기하는 이들도 있겠지만, 소신은 근본적으로 이익집단으로부터 다양한 민원과 권력형 압박을 받는다.

한 개인으로서 공무원이 그 부담을 감당하기에는 불이익이 크다. 승진 문제나 부당한 진정뿐만 아니라 잘못된 소송에 휘말려 개인의 사생활이 핍박받을 수 있기 때문이다. 그러니 누가 그런 부당함을 알고도 선뜻 나서겠는가. 누가 당신이 아니면 이 문제를 개선하고 해결할 수 없다고 등을 떠밀 수 있겠는가.

우리는 알고 있다. 누구나 할 수 있을 것 같은 당연한 일들을 어느 누구나 당연하게 해오지는 않았던 역사적인 경험을. 누군가 그 역할을 제대로 했더라면 국가나 사회적 위기의 극복뿐만 아니라 더 진보적인 사회가 될 수 있었다는 뒤늦은 후회를. 국가나 국민을 위해, 공공조직이 추구하는 중요한 가치를 위해 자신을 버리는 것이 얼마나 어려운지를. 돌아보면 누구에게나 쉽지 않은 선택이 될 수밖에 없을 것이다. 오종민 행정실장 또한 그러하지 않았을까?

공무원에게 가장 큰 영광은 훈포장이나 표창이다. 하지만, 더 큰 보람은 좋은 정책과 제도를 만들어서 그 혜택을 받는 학생(학부모, 공무원)들로부터 받는 감사 인사가 가장 큰 영광이며 보람일 것이다. 오종민 실장은 자신의 보람을 이렇게 얘기한다.

"저 자신에게 가장 두려운 것은 부조리한 세력의 저항이 아니라 타성에 젖고 현실에 안주하는 제 모습을 바라보는 것입니다."

경기도교육청, '사립유치원 특정감사'
돌연 중단 방침… 왜?

도교육청 감사 결과 명단 공개로 '전수 감사' 필요성 대두. 경기 이○○ 감사관, 특정감사 내년부터 중단 발표. 여론에 역행 경기도 사립유치원연합회, 뒤이어 자정 노력 선언. 묘한 여운 이○○ 교육감, 석연치 않은 행보. 본인 지시 여부 밝혀야…*

경기도교육청은 2016년부터 사립유치원 감사를 위해 시민감사관이 포함된 2개의 '특정감사반' 13명을 투

* 김영태 기자, 「cbs」 <노컷뉴스> 2018년 10월 14일자 기사. https://v.daum.net/v/20181014160000409.

입해, 3년간 1,100개 사립유치원 중 92개에 대한 감사를 벌인 결과 거의 예외 없이 회계 부정을 적발해 96억원의 보전 조치를 내렸다.

이○○ 교육감은 이전 임기 동안 뚝심 있게 사립유치원 감사를 벌이다, 재선 들어 돌연 특정감사 중단 방침을 밝힌 이유를 설명해야 한다는 기사 내용이다.

당시 김거성(당시 경기도교육청 감사관)과 나는 경찰서에서 참고인 조사를 받고 있는데 인사발령이 났다는 문자를 받았다. 한유총(한국유치원총연합회) 단톡방에 오종민의 인사조치 등의 내용이 올라온 글이다.

> "2017. 11. 19. 12월에 인사행정이 있다 합니다. 오종민 감사관 댓글 신랄하게 달아주세요."

> "2018. 7. 24. 감사5팀(사립유치원 특정감사 전담) 사무관 오종민의 경우 계속 감사관실에 남아 있고 싶다는 희망을 설파했지만 받아들여지지 않았습니다."

개인에게 양심보다 다수가 우선이라면 도대체 양심을 무엇에 쓰라고 있는 것인가?
우리에게 필요한 것은 오직 단 한 사람의 양심적인 인간이다.

_ 헨리 데이비드 소로의 『시민의 불복종』 中

돌연 중단을 지시한 그들은, '학생'과 '학부모'가 원하는 교육적 신뢰를 '버렸다.'

'학생'을 '돈'으로만 생각하는 교육자와 정치인들과 '학부모'를 '표'로만 생각하는 그들이 항상 그곳에 있었다. 지금도 있을 것이다.

환자는 돈을 낸 만큼 치료하는 것이 아니라, 아픈 만큼 치료를 해야 하는 것처럼, 교육은 '돈'과 '표'만큼 가르치고 배우는 공간이어서는 안 된다. 누구처럼.

소금의 3%가 있어, 바닷물이 썩지 않는 것처럼 각자의 몫을 했던—김거성 감사관, 사립유치원 특정감사팀, 시민감사관, 일부 언론인— 외면하지 않는 사람이 있었다.

1967년 동백림 사건, 나 하늘로 돌아가리라

천상병 시인은 1967년 동백림 사건*으로 모진 고문의 후유증으로 몸과 정신이 많이 상했다.

불임이 되고 이가 많이 빠져 영양실조에 걸리는 등 신체적 고통을 겪었으며, 정신 착란 등으로 괴로워하여 음주 없이는 잠도 못 이루는 지경이었다.

이런 힘든 상황에서 쓴 시가 바로 「귀천」이다.

---

* 중앙정보부 김형욱 부장 시절인 1967년 7월 8일 발생한 간첩 조작 사건이다. 동백림(東伯林)은 동베를린의 한자 음차이기 때문에 '동베를린 사건'이라고 부르기도 한다. 당시 중정은 서유럽에 거주하는 한국 교민과 유학생 가운데 194명이 동베를린 북한 대사관에 들어가 간첩 활동을 했다고 발표했다. 독일에서 활동하고 있던 음악가 윤이상, 그리고 프랑스에서는 화가 이응노가 간첩으로 지목되었으며 시인 천상병도 이 사건에 연루되었고 고문을 당했다.

천상병 시인에 대한, 고문의 고통을 모르고 읽은 사람이라면, "얼마나 행복한 삶을 살았기에 이런 아름다운 시를 썼을까?" 한다.

아름다운 이 세상 소풍 끝내는 날
가서, 아름다웠더라고 말하리라…

세상에 대한 원망이 없다.

그의 이 순수한 마음이 더욱 고귀하게 전해진다.

이외수 시인은 "아무리 아름다운 단어도 눈물에 적시지 않고 원고지에 파종하면 말라 죽는다"고 했다.

시인 천상병은, 절대, 죽지 않는 시를 썼다. 아름다웠던 눈물의 시를 또한 파종했다.

우리 인생의 진정한 감독은 우연이면서, 운명이다

나를 운명적으로 변하게 만든 김거성 교수(전 경기도 교육청 감사관, 전 청와대 시민사회수석)는 '예' 할 것은 '예' 하고, '아니요' 할 것은 '아니오'를 말할 수 있는 용기를 어려운 결단이 있을 때마다 보여줬다. 그때에도 그는, 1977년 10월 12일 신과대 예배 후에 학생들에게 구국 선언서를 나누어주고 낭독한 일로 이른바 대통령긴급조치 제9호 위반으로 기소되어, 1979년 광복절 특사로 풀려났다. 그 이후, 2014년 서울고등법원은 재심을 통해 이 사건에 무죄를 선고했다. (당시 재판장은 피고인들은 무죄, 우리나라 사법부는 유죄라는 말을 남겼다.)

옥고를 치르고 이후에도 이한열열사추모사업회 사무국장 등 민주화운동 외길을 걸어온 이력과 사회적으로 외면받는 청소년들에게 희망을 주는 사회복지법인 송죽원 대표로, 국제투명성기구 및 국가청렴위원회 활동 등 온몸으로 약자의 위치에서 아픈 목소리에 귀 기울이는 사람이다.

첫 만남은 2015년 경기도교육청 사립유치원 특정 감사 때 일이다.

"우리 그런 거 따지지 맙시다. 공무원들이 외면하면 피해 보는 사람들이 누구인지만 생각하면 됩니다. 우리가 누구를 위해 존재하는지 그것만 생각하고 갑시다. 부당한 압력을 행사하는 사람이 있다면, 제(김거성) 핸드폰으로 알려주세요. 제가 직접 통화하겠습니다."

사명감과 소신을 강조하며, 힘을 실어 준 일. 그 한 마디로 나와 직원들은 유치원 3법의 기틀을 제공한 계기를 마련했다.

운명의 길을 선택할 때, 이런 삶을 살고 싶다.

"살아서 가장 많이 가진 사람이 아닌, 세상에 없을 때 가장 많이 나눈 사람으로 기억되기를 바란다."

그래서, 위대한 사람은 가장 많은 것을 가진 사람이 아니라, 가장 많이 나눈 사람을 존경하는 사회가 되었으면 한다. 바로 김-거-성처럼!

우리는 사람의 일생을 평가하는데, 세속적 가치도 중요하지만, 그 시대를 정직하게 바라보고 이웃의 아픔과 함께 나누고자 하는 마음, 그 아픔을 외면하지 않고, 함께 나눔을 실천하는 삶을 보여준 사람이 우리 주위에 있었으면 한다. 어디에서나!

3부

시(詩)가 안부를 묻다

전태일이 근로감독관에게 보낸 진정서

여러분, 오늘날 여러분께서 안정된 기반 위에서 경제 번영을 이룬 것이 과연 어떤 층의 공로가 가장 컸다고 생각하십니까? 물론 여러분이 애써 이루신 산업 기술의 결과라고 생각하시겠습니다마는 여기에는 숨은 희생이 있다는 것을 명심하셔야 합니다. 즉, 여러분 자녀들의 힘이 큰 것입니다.
성장해 가는 여러분의 어린 자녀들은 하루 15시간의 고된 작업으로 경제 발전을 위한 생산 계통에서 밑거름이 되어 왔습니다. 특히 의류 계통에서 종사하는 어린 여공들은 평균 연령 18세입니다. 얼마나 사랑스러운 여러분들의 전체의 일부입니까? 가장 잘 가꾸어야 할 가장 잘 보살펴야 할 시기입니다. 정신적으로 육체적으로 어느 면에서나 성장기의 제일 어려운 고비인 것입니다.

이런 순진하고 사랑스러운 동심들에게 사회 생활이라는 웅장한 무대는 가장 메마른 면과 가장 비참한 곳만을 보여주고 있습니다. 메마른 인정을 합리화시키는 기업주와 모든 생활 형식에서 인간적인 요소를 말살당하고 오직 고삐에 매인 금수처럼 주린 창자를 채우기 위하여 끌려다니고 있습니다.

곧 그렇게 하는 것이 현 사회에서 극심한 생존 경쟁에서 승리한다고 가르칩니다. 기업주들은 어떠합니까? 아무리 많은 폭리를 취하고도 조그마한 양심의 가책을 느끼지 않습니다. 합법적이 아닌 생산공들의 피와 땀을 갈취합니다. 그런데 왜 현 사회는 그것을 알면서도 묵인하는지 저의 좁은 소견은 알지를 못합니다.

내심 존경하는 근로감독관님.

이 모든 문제를 한시바삐 선처 있으시기를 바랍니다.

_ 1969년 12월 19일 전태일

그는 자기가 할 수 있는 방법으로 세상을, 삶을 바꾸려고 했다. 누군가는 조금, 다른 누군가는 조금 더 노력을 했을 것이다.

하지만 중요한 것은 "했느냐, 안 했느냐"가 아닐까?

전태일은 오늘보다는 내일이, 내일보다는 모레가 좀 더, 나아지길 원했다.

하루 15시간보다 12시간 노동을 줄여, 살아가고 싶었을 것이다.

근무 시간이 줄어들면, 전태일은 무엇을 하고 싶었을까?

기타노 다케시는 "5천 명이 죽었다는 것을 '5천 명이 죽은 하나의 사건'이라고, 그렇게 묶어 말하는 것은 모독이다. '한 사람이 죽은 사건이 5천 건 일어났다.' 고 말하는 것이 맞습니다. 한 사람을 죽이는 행위는 그 사람의 주변, 나아가 그 주변으로 무한히 뻗어가는 분들의 연결을 파괴하는 짓이다"라고 말했다.

누구라도 한 사람만 죽일 수는 없다는 것.

기타노 다케시는 '죽음을 세는 법'의 의미를 나에게 알게 해주었다.

세월호 참사, 이태원 참사, 그 죽음의 의미를 아는 것, 그것이 진정성 있는 애도의 출발이다.

"미안합니다."

파장의 세기

낙하의 높이에 따라, 동심원의 크기가 다르다.

높이, 더 높이에서 떨어질수록, 동심원의 크기는 더 커진다.

사람의 크기도, 자신을 흔드는 양심이라는 파장의 '세기'로 알 수 있다.

양심에 관한 신영복 작가의 담론을 소개한다.

양심이란 단어를 만날 때마다 어김없이 떠오르는 사람이 있습니다.

비교적 징역 초년에 만난 젊은 친구였습니다. 당시 어려운 시절의 어려운 가정의 소년가장이었습니다.

동대문 부근의 가장 싼 합숙소에서 새우잠을 자고 새벽 일찍 일찍 서울대 병원까지 뛰어가서 피를 뽑았습니다. 피 판 돈을 들고서야 집으로 들어갔습니다. 그는 피를 뽑기 전에 아무리 추운 겨울이라도 찬물을 가득 먹었습니다. 그러면서도 자기는 양심의 가책을 받지 않았다는 이야기를 덧붙였습니다. 그는 피에다 물을 타서 팔았다고 생각하고 있었습니다. 마시는 물은 피에 섞이는 것이 아니라는 설명에도 불구하고 그는 그것을 수긍하려 들지 않았습니다. "양심의 가책을 받지 않았다"는 그의 말이 내게는 가책을 받았고 지금도 받고 있다는 의미로 들렸습니다. 가족의 끼니를 위해서 병원의 새벽 수도꼭지에서 찬물을 들이키며 그가 감당해야 했던 양심의 가책이 마음 아팠습니다. 나는 그가 들이킨 겨울 새벽의 찬물이 설령 핏속으로 들어간다고 하더라도 그가 양심의 가책을 받지 않아도 된다는 생각이 들었습니다. 그는 그 이야기를 내게 들려주던 그때까지도 양심의 가책을 받고 있었습니다. '물 탄 피'가 혹시나 응급환자에게 수

혈되어 문제를 일으키지 않았을까 걱정하고 있었습니다. 그는 나의 기억 속에 양심적인 사람의 전형으로 자리 잡고 있습니다.*

지금도 양심이라는 말을 생각할 때 이 글이 자꾸 생각난다. 『』

* 신영복, 『담론』(파주, 돌베개, 2015), 406-407.

진실은 하나지만,
정의는 눈물의 수만큼 있다

"억눌리는 자에게 헌신적이며, 억누르는 자에게 용감하며…."

신경림의 시 〈이런 내가 되어야 한다〉 중 일부이다.

이 세상은 독하게 살아야 한다는 드라마 대사가 떠오른다.

"착하면 아무짝에도 쓸모없어, 너도 똑같이 갚아 줘야지."

나는 일하면서 용서할 수 없는 사람들을 보았고, 스트레스를 받았다.

힘든 시기였다. 원망도 했다.

누군가 "남을 용서하지 못하면 네가 죽는다"라는 말에, 그를 믿고 간신히 용서했다.

"남이 내게 고통을 주었을 때, 천천히 그것을 지워버릴 수 있도록 해야 한다"라고….

말은 쉽지만, 현실은 힘들다. 생각하며, 용서와 베풂을 실천해 본다.

정의는, 눈물의 수만큼 있을지라도, "착한 사람이 이긴다는 믿음을" 물려줘야 한다.

오늘도 갖고 싶고, 나누고 싶은 것은 '용서와 베풂'이다.

괜찮아? 괜찮아!

학교급식 특정감사, 사립유치원 특정감사를 돌아보니, '더 청렴한 급식과 더 투명해진 유치원 3법'이라는 선물을 받았다.

부패라는 길목에서 마주할 때마다 주위에서 묻는다.
"괜찮아?"

비리를 감추기 위해 미행했던 선·후배들이 있었다.
"괜찮아?"

수차례 승진 등 누락, 부당한 인사발령 등이 있었다.
"괜찮아?"

불법에 동조하거나 공범들의 승진과 영전에 침묵을, 함께 한 공범들도 승진 속에 있었다.

"괜찮아?"

지금 부패든, 비리든 승진하면 정의이고 존경받는 세상이다. 부패와 비리, 부당함, 불법의 소굴에서, 과연 어떻게 괜찮을까?

2017. 한국투명성기구 투명사회상
2023. 대통령 직속기관 법제처 제안 특별상, 2050탄소중립녹색성장위원회 성과발표, 패널 진행 등
2024. 가축방역 국민아이디어 동상, 강릉시 규제개혁아이디어 장려상, 한라환경대상 대상, 환경부장관 표창 등

나만의 괜찮은 방법, 지금도 진행형이다.
지금도 생각한다. 이번에 또, 어떤 일을 할까?
누군가 또, "괜찮아?"라고 묻는다면, "응, 괜찮아!"

Ctrl+C(복사) & Ctrl+V(붙여넣기)

비리는 옆으로 전염되고 반복된다.

비리(Ctrl+C)는 동료에게(Ctrl+V) 단축키처럼 쉽게 전염되고 반복된다.

신규 동료가 왔다. 처음에는 성실해 보였다. 자판을 본다. 따라 한다.

Ctrl+C(복사) & Ctrl+V(붙여넣기), 소리가 간결하다. 쉽게 배운다.

하지만 비리와 불법에서, 진행 속도가 기하급수적이다. 이제는 다르게 보인다.

막을 방법은 하나다.

전원을 OFF, 다시 ON. 다시 물들고 있다, 전염병처럼.

챗봇*이 나왔다. 더 쉽게, 더 빠르게, 지능적으로….
이제는 자동으로 간다. 손도 필요가 없다. 말로 한다.
이제는 손으로, 주고받는 일이 없다.
음성으로 한다.
대놓고 한다.

* 문자나 음성으로 사용자와 대화를 나눌 수 있도록 시스템이 구현된 컴퓨터 프로그램.

바나나의 색

바나나는 원래 하얗다?

바나나의 색은 노랗다?

기존의 상식을 뒤엎고 하얗다고 홍보한다.

'하얀 바나나 우유'라는 역설적 홍보로, 선풍적인 인기를 끌었다.

바나나는 껍질만 노랄 뿐이지, 먹는 알맹이는 하얀색이라는 것이다.

참신하다.

"무언가를 단순하게 설명할 수 없다면, 당신은 그것을 충분히 이해하고 있지 않은 것이다."

아인슈타인의 말처럼, 그들은 바나나 속의 하얀색을 보고, 단순하게, 참신하게 설명한 것이다.

이런 창의적인 전략과 마케팅을 알아주는 사람이 없었다면, 창의적인 제품은 생산되지 못하고, 소비자에게도 가지 못한다.

창의적으로 일하고자 하여도, 알아주는 사람도 없을 뿐 아니라, 그 창의적인 노력 자체를 무시하고, 주저앉게 만드는 사회, 조직이 있다.

아침에 면역력을 높여주는 바나나로, 다시 도전한다. 하얗다고!

1. 바나나는 장내 세균을 증가시킨다.
2. 바나나는 식욕을 억제시킨다.
3. 섬유질 섭취량을 늘려준다.
4. 인슐린 민감성을 향상시킨다.

"다재다능한 바나나" & "You"

굴복하지 말라

매일, 눈을 뜨면 또 다른 시간에 또 다른 만남에서 오는 부대낌에 두렵다.

시간은 내 편이 아닌 것 같고, 사람도 나를 인정해 주지 않는, 그럴 때가 있다.

매일, 사람과 부대끼며, 시간과 부대끼며, 나 자신과 부대끼며, 산다.

때론, 우연한 핑계를 기회 삼아 굴복하고 싶을 때도, 있다.

'버거우니까.'

로마의 철학자 세네카는 얘기한다.

"출항과 동시에 사나운 폭풍에 밀려다니다가 사방에서 불어오는 바람에 같은 자리를 표류했다고 하여, 그 선원이 긴 항해를 마친 사람이라고 할 수 없다. 그는 긴 항해를 한 것이 아니라, 그저 오랜 시간을 바다 위에 떠 있었을 뿐이다."

하지만 긴 항해에서 힘들 때마다 굴복하고 싶고, 되돌아가고 싶은 핑계와 굴복의 시간이 찾아오면, 소금꽃을 믿자.

기회는, 노력에 '결코, 굴복하지 않는 자'에게 온다는 사실을….

세상에서 가장 아름다운 꽃, '소금꽃'을 믿기에 더 이상, 나는 굴복하지 않는다.

성실한 삶

빅토르 위고가 레미제라블에서 한 말이다.

"땅을 갈고 파헤치면 모든 땅은 상처받고 아파한다. 그 씨앗이 싹을 틔우고 꽃 피우는 것은 훨씬 뒤의 일이다."

모든 땅에서 씨앗이 싹틔우지는 않는다.

사막에서는 누군가의 땀과 눈물이 있어야 한다. 그래야 꽃이 핀다.

사막이라는 땅에서 씨앗을 심는 사람들이 우리 주위에 있다.

미쳤다고 반은 상처를 주었고, 반은 다른 편에 서서,

비웃고 있었다.

그 비웃음에 너만, 고통의 시간을 보내고 있다고? 좌절했는가?

잊지 마세요.

'그대라는 꽃이 피는 계절은 따로 있다는 사실.'

"아직 그때가 되지 않았을 뿐이다"라고 동료에게 말해주고 싶다.

남들이 돌았다고, 미쳤다고 하여, 미리 겁을 먹고 도망쳐 살아가는 사람들보다는, 옳다고 생각하는 사명을 소신껏 해 나가는 그런, 당신을 응원한다.

첫걸음 하나에

길을 걷다 보면, 한 걸음 이전과 한 걸음 이후가 '변화' 그 자체라는 것을 느낄 수 있다.
한 걸음 사이에 이미 이전의 것은 지나가고, 새로운 것이 다가온다.
같은 풀, 같은 꽃, 같은 돌멩이, 같은 나무라도 한 걸음 사이에 이미 그 자태가 변해 있다.
_ 서영은, 『노란 화살표 방향으로 걸었다』 중에서

그냥, 만나는 사람만 만나는 사람이 있다.
그냥, 시간 가는 대로 그냥 살아가는 사람이 있다.
그냥, 세월 따라 늙어가는 사람이 있다.

장수의 삶이, 꼭 잘 사는 것은 아니다.

의미 있는 삶, 변화된 삶이 중요하다.

그냥, 생존하는 삶은, 죽은 잎이고 죽은 나무다. 바람에도 흔들리지 않는….

나는 책 한 권을 책꽂이에서 뽑아 읽었다.
그리고 그 책을 꽂아 놓았다.
그러나 나는 이미 조금 전의 내가 아니다.
_ 앙드레 지드

책에서 생존이 아닌, 변화된 삶을 살자.

편법에 의지하지 않습니다

정치를 외면한 가장 큰 대가는 가장 저질스러운 인간들에게 지배당한다는 것이다.

_ 플라톤(BC428 ~348)

어제의 범죄를 벌하지 않는 것, 그것은 내일의 범죄에 용기를 주는 것과 꼭 같은 어리석은 짓이다.

_ 알베르 카뮈(1913~ 1960)

프랑스가 다시 외세의 지배를 받을지라도 또다시 민족 반역자가 나오는 일은 없을 것이다.

_ 샤를 드골 대통령

양심적인 사람이 우리 사회에서 차지하는 위상은 낮다.

가난한 삶이지만,

범죄에 처벌을 요구하는,

그 범죄를 외면하지 않는 사람이 지금 광화문에서 '공정과 정의'를 말한다.

그때, 한 청년이 말한다.

공정과 정의는 싫증이 납니다. 짜증이 납니다.

지금까지, 공정과 정의를 말하면서, 기성세대가 한 것이 무엇인가요?

저는 그냥, 편법에 의지하지 않고 살았습니다. 지금까지요.

나는, 오늘 양심이 흔들리는, 부끄러워하는 나의 그림자를 본 것 같다.

제목: 도움 요청

시간이 되면, 함께 해주시면 좋겠습니다. 혼자라도 가겠지만, 그냥 옆에만 계셔도 힘이 될 것 같습니다. 떨립니다.

편법에 의지하지 않는 양심이, 그립다.

서운함을 자주 느끼는,
나는 계산하는 사람?

오해와 의심으로, 결국은 서운함을 갖고 주위 사람들을 괴롭혔다.

함께 한 사람들이 하나씩 멀어져 간 일이 있다. 계산이 서툰 탓일까?

고발과 고소 등으로 직장을 그만두려고 아내에게 한 말을 아들이 들었나 보다.

아빠의 취업(?)을 위해, 초등학생 아들이 "아빠를 팝니다"라는 이력서를 주었다.

이력서를 볼 때마다, 김금희 작가의 글 "복자에게"에 나온 글이 생각난다.

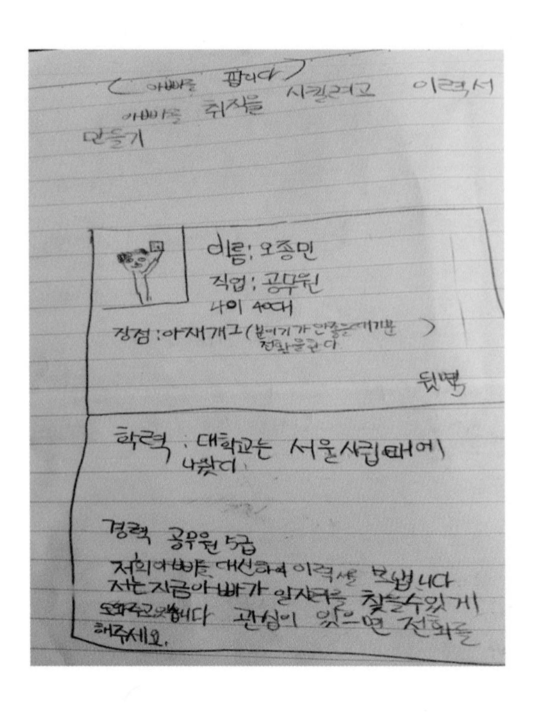
(아빠를 팝니다)
아빠를 취직을 시킬려고 이력서
만들기

이름; 오종민
직업; 공무원
나이 40대
장점 : 아재개그 (분위기가 안좋은데 기분
전환을 준다)

뒷면

학력 : 대학교는 서울시립대에
나왔다

경력 공무원 5급
저희 아빠를 대신하여 이력서를 보냅니다
저는 지금 아빠가 일자리를 찾을 수 있게
도와주고 있습니다 관심이 있으면 전화를
해주세요.

사람을 한 번 만나면 그 사람의 삶이랄까, 비극이랄까, 고통이랄까, 하는 모든 것이 옮겨 오잖아.

나의 고통이 아들에게 옮겨 간 것 같아서,
아프다. 미안하다.

그럼 '젠탱글'* 해볼까?

살아가면서, 아등바등하는 것을 넘어, 악착같이 살았다.

그 악착함이 지인들과의 소중한 인연을 끊기도 했다.

어떤 오해는 평생 만나지 못한 인연으로 남았고,

어떤 성급함은 상대에게 비수가 되었다.

어떤 무례와 무지는 더 강한 목소리로, 상처를 남겼다.

모든 일이 오해와 성급함, 무례와 무지로 시작된다.

살아가는데, 어찌할 수 없는 운명이다.

---

* Zen(선)과 Tangle(복잡한 선)의 합성어로, 반복되는 패턴을 그리는 과정에서 집중력과 창의력을 향상시키고, 마음의 안전, 스트레스 해소에 효과가 있다.

사람에 지쳐, 시간에 지쳐, 힘조차 남아 있지 않을 때, 젠탱글을 권한다.

잃고 싶지 않는 소중한 사람을 생각하면서,
잊지 않고 싶은 소중한 시간을 추억하면서,
선으로, 복잡한 선으로 반복해서, 실마리를 풀어가면 어떨까?

그 진실이 무섭다

우리 주변에 무료 급식소에 길게 줄 서서 대기하는 사람들을 볼 수 있다. 어디서나.

"하루 두 끼 버릇되면 내일은 못 버텨."

대한민국, 한 노인의 말이다.

사람이 살아 있을 때는 가장 많이 가진 사람을 기억하지만, 사람이 세상에 없을 때는 가장 많이 나눈 사람을 기억한다고 한다.

굶주림을 역사의 숙제로 계속 떠넘겨서는 안 된다.

너는 뭘 했니? 나는 뭘 했을까?

눈물 나는 날이면, 또 어김없이 생각난다. 슬픈 얼굴이, 고개 숙인 모습이, 자꾸 생각이…. 시간이 흘러도, 여전히 눈물이 나오면… 생각나는 그 일들….

〈하늘은 지붕 위로〉, 폴 베를렌느 작가의 시 마지막 문장이다.

너는 뭘 했니? 오, 너 말야, 바로 여기서
계속 울고만 있는.
말해 봐, 너는 뭘 했니?, 너, 바로 여기 있는,
네 젊음을 갖고 뭘 했니?

반복되는 일로, 나란 존재가 있어도 그만 없어도 그만, 이상하지 않은 시간이 왔다.

직장도 다니고, 친구도 만나고, 무난한 한 달을 보내고 나니, 일 년이 지났다.

퇴근길 횡단보도 앞에서 또다시 본, 서 있는 줄에서 배식이 끊길까 노심초사 앞만 보는 사람들. 그 무료급식소의 긴 줄들을 보면서도 나는 서둘러, 그냥 지나쳤다.

지나치며, 시름시름 아프며 산 것이 또 365일 되었다.

지금, 나는 내 젊음을 갖고 무엇을 해야 하나?

구불구불한 길

어느 날, 매형이 묻는다.

"이제, 편하게 살아도 돼. 넌 할 만큼 했다. 편한 길을 선택해도 뭐라 할 사람이 없어, 그러니 가족들 생각해서… 고발 등 소송에서 벗어났으면 해…."

"…"

나는 침묵했다.

며칠 후, 매형이 읽고 싶은 책이 있는지 내게 묻는다. 나는 "없는데?", 어느새 그는 내가 읽고 싶어 하는 책을 알고 사 놓고 간다.

나는 힘들 때나 쉬고 싶을 때가 있으면 산책한다.

2017년 어느 날 저녁, 매형이 산책 중 머뭇거리다가 말한다.

"괜찮아?"
"지금이 구불구불한 길이라면, 좀 쉬었다 가."
"어쩌면 이 길이 나중에는 최적의 경로일 수도 있을 거야, 잠시 쉰다고 생각해!"

2024년 6월에 나는, 늦은 답장을 보낸다.

"구불구불한 길에서 나는,
꽃처럼 아름다운 사람과 함께 있다.
인생의 여정에 좋은 길, 나쁜 길은 없다."

지금, 알았다.

한순간? 한평생?

수평

살아갈 때는 치열하게 살았다. 괴로워하고, 슬퍼하고, 기뻐하고, 웃기도 하고, 마시기도 하고, 험담도 하고, 자랑도 하며 살았다.

신생아부터 죽음에 이르기까지 통증과 고통은 한 몸이다. 평생 살 것처럼, 하지만 병은 말한다.

수평의 끝은 수직이며, 한순간이라고….

수직

지하 1층, 몸의 침묵이,

지하 세계에 갇혔다, 한평생.

얼마나 많은 사람이 나를 슬퍼할까? 생각한다.

톨스토이(1828-1910)는 다음과 같은 글을 남겼다.

가끔씩 죽음에 대하여 생각해 보라. 그리고 그대도 머지않아 죽음을 맞게 될 것이라 생각하라. 그대가 무슨 말을 해야 할지 몰라 갈팡질팡하거나 심각한 번민에 빠져있을 때라도, 당장 오늘 밤이면 죽을지도 모른다고 생각한다면 그 번민은 곧 해결될 것이다.

순간, 한평생 헌혈과 장기기증을 생각하게 되었다.

갈게!

퇴근길, 친구에게 전화가 왔다.

무슨 일 있어?

아니 왜?

요즘 연락이 없어서…

그냥 피곤해서…

잠시만, 지금 집 근처로 갈까?

볼래?

갈게!

외롭고 힘들다는 것을 어떻게 알았을까?

"갈게!"

외로움을 느껴보지 못한 사람은 할 수 없는 말,

"갈게!"

눈물에 젖은 채, 내일을 불안과 고통 속에 밤을 지새우지 못한 사람은 할 수 없는 말,

"갈게!"

사람들은 모른다, 그 성스러운 말을,

"갈게!"

행복하게 살아 줘

왜? 난 이 모양이지?
뭐 하나, 제대로 한 것 없고.

왜? 난 태어난 걸까?
뭐 하나, 이룬 것도 없고.

매일, 더 아파하고, 더 오래 주눅 들고, 더 좌절했다.
투명인간처럼 살았다.
사랑받을 가치가 없는 사람이라고, 스스로 생각했다. 영원히 친구가 없을 나에게, 스스로 용기를 내어 말했다.

"괜찮니? 걱정하지 마, 주눅 들지 마."

언젠가는 진정으로 사랑하는 사람이 와서, 나의 아픔까지, 나의 상처까지 안아줄 사람이 올 거야.

항상 혼자인 나에게, 말해주고 싶다.

그때까지 "행복하게 살아 줘."

적어도 공무원이라면

공직자가,

국민을 위해 청렴하게 일하면 밉상이 되는 세상.

혼자만 튄다고, 혼자만 앞서간다고, 갈등을 일으키는 몹쓸 사람 취급받는, 그리고 직장 내에서 '왕따'로 극진한 대우를 받는 세상.

새로운 업무가 내려오면 서로 다른 부서로 업무를 핑퐁하고, 업무능력 등 실적은 떨어져도, 회식 자리 마련하고, 시키는 대로만 딱, 그 정도의 일만 하는 공무원은, 평판도 좋고 출세할 확률이 상당히 높은 세상.

고위공직자가 승진할 때마다, 신문 기사에는 이런 표현이 등장한다.

"주위 선·후배들의 평판이 좋고, 인간관계가 원만하며…"

나는 말하고 싶다, 청렴 없이, 평판만 좋으면 되는지를….

"공익을 우선하는 것이 공무원인데, 능력도 없이 출세나 사익을 추구한다면 공직에서 스스로 물러나야 한다"고….

공직자의 청렴과 도덕성을 요구하는 것이 세상 물정 모르는 잠꼬대와 같다고 하여도, 나는 묻겠다.

"적어도, 적어도 공무원이라면…."

어둠이 흔들리고 있었다

아무도, 진실을 요구하지 않았다.
누구도, 진실을 아는 사람이 없었다.
어느 날,

한 여인은 "왜? 그런지?" 알려고 하자, 비웃는 소리가 귀를 긁었다.

"오늘부로 당신을 강퇴합니다."

"혼자서 진실을 묻는 것이 수상합니다."

그 여인은, 어둠의 길목에서 홀로, 진실의 등불을 깨

우고 있다.

바람이 어둠을 깎는 소리가, 주변을 깨우고 있었다.

조금씩 진실이 숨을 쉬고, 어둠이 흔들리고 있었다.

굶주림, 역사의 숙제로 남았다

"주위의 모든 사람이 진흙 같은 빵 한 조각 때문에 투쟁할 때 고상한 즐거움을 누리는 게 옳다고 할 수 있을까?"

_ 크로포트킨

『왜 세계의 절반은 굶주리는가?』의 저자 장 지글러는 기아의 원인이 되는 환경문제, 다국적 기업들의 횡포, 부패한 사회시스템 등 우리가 바로 알지 못했던 진실을 꺼냈다.

글로벌 식량 기업과 투기꾼들이 식량 가격 등을 조작하여 이유도 없이 기아로 아이들이 죽음을 맞이한다는 것이다.

선택은 나에게 있다

모든 것이 귀찮아 눕거나, 자고 싶을 때,
마음의 문을 닫고, 나만의 어두운 세상에 빠져있을 때,
선택은 나에게 있다.

계속 눕거나, 원망으로 답답하다고 외치면서 하루를 보낼지,
바로 일어나, 문을 열고 밖으로 나가 하루를 보낼지,
부디 잊지 말자.
그 누구도 두 가지 길을 동시에 선택할 수 없다.
선택한 그 길을 누구도 대신 가줄 수 없다.
인생은 한 번뿐, 하루도 한 번뿐, 죽어가는 시간을 허투

루 보내지 말자.

삶,

사랑하다가 죽어가는 시간 또는 원망하다가 죽어가는

시간, 지금 이 순간.

'선택은 나에게 있다.'

생계유지형

『시민 불복종』의 저자 소로는 나쁜 정부가 들어설 수 있는 이유는 '생각 없이 행동하는 공무원'이 독재자의 명령에도 아무런 생각 없이 공권력을 행사하기 때문에 정의롭지 못한 정부가 존재한다고 보았다.

즉, 생각 없는 공무원은 오직 생계유지만을 인생의 목표로 삼고, 무엇이 올바른 일인지에 대해서 생각조차 하지 않는다는 얘기다.

달턴 트럼보는 말했다.

"예스(Yes) 혹은 노(No)로만 대답하는 사람은 바보거나 노예일 뿐."

신문을 보았다.

안전망 부재로 짊어진 '생계유지형' 채무… 사회가 고통 덜어줘야…
파산자 10명 중 4명 '생계유치형' 채무
사회가 고통 분담해야 할 '사회적 채무'
_「한겨레」, 2024. 2. 8.

생각한다.

생계를 바라보는 나의 프레임을 바꾸는 것, 그것이 진정한 일의 시작이다.

영혼 없는 공직자의 생계유지형 그리고 사회가 안긴 생계유지형.

0+후회=후회

하루, 한 달, 벌써 일 년이라는 시간, 참 성의 없게 보낸 시간.

후회, 또 후회로 '0'과 함께 후회를 매일 반복했다.

'1+후회=1'이 될까? 생각해 본다. 오늘 한번 '1'을 찾기 도전을 해본다.

1. 오늘 아침, 눈뜨자마자 나를 사랑하기
1. 오늘 직장, 먼저 인사하기
1. 오늘 점심, 음식을 다 먹는다(음식쓰레기 없음).
1. 오늘 저녁, 청소한다.

오늘 '1'로 살아봤는데, 답장이 왔다.

"어, 어쩐 일? 청소를 다 했네?"

"고마워! 내일도 부탁해!"

내일은 '2'로 가자!

렛츠 고.

사과를 해야 할 사람

잘못은 누구나 할 수 있다. 한다.
우리는 가르쳐야 했다.
'사과할 수 있는 용기'를.

사과할 필요조차 없는 더 높은 자리로 올라가서, 권력의 힘으로, 그 더러운 권력으로 무시하고 눌러야 한다고 가르쳐선 안 된다.

버려야 한다고 알려줘야 한다,
"'사과에 대한 두려움을' 버려야 한다"고.

지금도

진정으로 마음 깊숙이 사과하는 높은 사람을 보지 못했다.

조직적으로 스리슬쩍 은폐하려는 더러운 권력 집단만 보았다.

철학자는 말한다.

"잘못을 인정하는 것, 권력투쟁에서 물러나는 것, 이런 것들이 전부 패배는 아니다."

진정한 사과는, 타이밍이 중요하다.

그때, 어둠이 있었다

배고픔이 와, 그 자리에 누웠다.

아무것도 하기 싫은 날. 그냥, 의기소침한 날. 어둠이 있는 날.

진동음이 손에 느꼈지만, 받고 싶지 않아, 그냥 무시했다. 그냥.

사위가 고요하고 어두웠다. 심장도 함께 누웠다.

미세먼지가 아닌, 운동장에 비소 검출, 원자번호 33. 원소기호 AS (서비스인 줄?)

(그들은) "5차, 6차까지 계속 재검사해 주시면 될 것 같습니다."

(나는) "지침은 3차 유해성 검사에도 나오면, 토양오염 정화작업을 해야 합니다."

(그들은) "또. 또. 또. 왜, 자꾸 일을 만들어서 힘들게 해요." "제발, 좀…."

(그들은) "예산 문제로, 당장은 어렵다. 그러니, 계속 검사를 진행해 주세요."

언제부터가 일 만들지 않기, 벌리지 않기로, 조직의 편리만으로 일을 했는가?

오직 돈으로, 학생들의 건강을 포기한 교육은, 공직자로서의, 우리의 존재 이유가 무엇인가?

자기 직업에 대해 최선을 다하는 보통 사람들이 그립다.

3분을 위해, 3시간 이상 연습한 '이창훈' 씨를 생각했다. 나는.

죽음 & 쉼

자살로
삶의 시동을 꺼버리는 사람.

죽음을 생각할 때, 잠시, 아주 잠깐이라도 쉬어가야 했다.

나를 미워할수록
나를 괴롭힐수록
나를 상처 줄수록
나를 원망할수록
아주 잠깐이라도 쉬어야 했다.

죽음은

소중한 사람에게 상처를 준다.

그 죽음으로, 사랑하는 사람들에게 평생 가슴에 아물지 않는 상처를….

죽을 만큼 힘든 하루하루,

이젠 너무 외롭고, 무섭다.

오늘, 죽음을 지워주세요. Delete.

그리고 쉰다. 오늘만은.

결혼

해도 걱정, 안 해도 걱정.

이탈리어로, 배우자를 콘소르테(consorte)라고 한다. con은 '함께'라는 말이고, sorte는 '운명'을 뜻한다. 곧, 운명을 함께하는 존재가 배우자라는 뜻이다.

결혼식을 본 아이가 엄마에게 물었다.

"평생 사랑하며 살라는데, 엄마도 아빠에게 평생 사랑한다고 했어?"

엄마가 답한다.

"미쳤니."^^

아들이 말한다.

"그치.":)

여러분, 사랑하는 사람과 결혼하세요.
꼭!

친구

인디언의 속담에

친구는 '나의 슬픔을 자기 등에 짊어지고 가는 사람'이라고 한다.

나는 생각해 본다.

친구의 슬픔과 아픔을 나의 등에 짊어진 적이 있었는가?

친구가 있다는 것은 촛불이라고
친구가 있다는 것은 영혼이라고
친구가 있다는 것은 행복이라고

새로운 친구를 사귀는 것보다, 지금 내 앞에, 내 옆

에서 "갈게"라고 말하고, 오는 친구들을 소중히 여기고 싶다.

가족은 하늘이 맺어준 인연이다.
친구는 하늘이 내려준 선물이다.

고대 그리스의 시인 메난드로스가 말했다.

"그 사람을 모르거든 그의 친구를 보라."

나도 그 친구에게, 그에게
위로가 되는 친구로 남고 싶다.

불이(不二)

이런 말이 있다.

"타인의 슬픔이 곧 나의 슬픔이고, 타인의 가슴에 생겨날 매듭이 곧 내 가슴에 생겨날 매듭과 같다."

너와 내가 둘이 아니다, '불이'(不二).
지도자란 이런 마음이어야 한다.

'너와 내가 둘이 아니다.'

억울하게 누명으로 죽음을 당했다면,
'함께' 아파해야 한다.

억울하다는 생각을 줄일 수 있다면,
누명을 벗겨줄 수 있다면,
불행은 행복으로 갈 수 있다.

나의 불행에 위로가 되는 것은 타인의 불행이라고 말하는 이가 있다.

지금도, 타인의 불행에 웃고, 상처 주는 사람들이 주위에는 항상 있다, 지금도.

은폐로 억울한 죽음을, 비극의 반복을 가져오고,
또 이를 그저 지켜만 보는 사람들.

"거짓으로 위로하지 마세요."

아니에요, 안 돼요

습관적으로 "아니에요, 안 돼요"라는 사람이 있다.

이런 말을 하는 사람들을 막을 수는 없지만, 무시할 수는 있다.

"아니에요, 안 돼요"라고, 불가능을 외치는 사람들을 헤치고, 가지 않은 길을 간 사람(사람들이 하고 싶어 하지 않는 일에 도전해서 나중에는 그 일로 인해 좋아하고 행복을 느끼게 해주는 사람)만이 세상을 변화시켰다.

어디에선가 먼 먼 훗날
나는 한숨 쉬며, 이 이야기를 하고 있겠지
숲속에 두 갈래 길이 있었다고, 그리고

나는 사람들이 덜 걸은 길을 택했다고
그로 인해 모든 것이 달라졌다고
_ 로버트 프로스트, 〈가지 않은 길〉

실패만을 한다 해도, 용기를 잃어본 적이 없는,
그런 사람들을 나는 만나러 간다.

책을 펼치면

아내가 말한다.

"책 한 권씩 읽을 때마다 5만 원 줄게요."

나는 말한다.

"받을 일 없을 것 같은데⋯."

그 이후, '책이 생각하는 마음'을 가르쳐 준다고 해서 읽었다. '위로받은 사람들, 슬픔을 치유하는 사람들, 실패로 좌절로 다시 일어나는 사람들 등등' 살아있는 글을 보았다.

책을 읽기 전과 후로 삶이 달라졌다.

배고픔에는 휴일이 없다는 사실을,
종일 굶는 사람들이 있다는 사실을,
마음으로 읽었다.
그래서 시작했다.

책을 펼치면, 인생을 사랑하게 만든다는 사실을,
나는 배웠다.

다 버려야 속이 후련하십니까?

2020년 1월부터 본격적으로 코로나 바이러스감염증이 발생한 시점에서 2021년 4월 초에 효원고 학생 2~3명이 코로나에 감염된 사실이 확인됐다. 그 당시 교육 당국, 지자체 등에서는 학생들이 점심 식사 도중에 감염이 될 수 있기에 오늘 한 급식 전부를 버리라고 했다.

그날, 효원고 학교급식 식단(학생 1,000명, 교직원 100명)은 '혼합 잡곡밥, 애호박 된장찌개, 꿀마늘보쌈, 보쌈김치, 깻잎양념절임. 새콤무생채'로 총 1,160kg의 급식이었다.

학교급식 종사자분들께서 애써서 정성과 위생적으로 만든 점심을, 손도 안 댄 음식들을 사회복지법인 등

단체에서 가져갈 수 있으니 알아보고자 했지만, 상급 기관의 지시대로 당일 점심 1,160kg을 kg당 180원의 경비를 지출하고 버려야 했다.

학교급식 식재와 조리한 시간 등 깊은 생각을 하면서, 앞으로 이런 일이 또 일어난다면 '그냥 버려야 하는지, 과연 이런 방법밖에 없는지, 손도 안 댄 음식을 버리는 것이 옳은 일인가?', 그때 곰곰이 잔식 기부에 대해 생각하기 시작했다.

음식물 쓰레기 줄이는 것이 탄소중립과 지구 살리기에 기여한다는 거창한 취지는 언급하지 않겠다.

오늘도, 하루 두 끼 버릇되면 내일은 못 버텨서 빵 1개로 버티는 노인들이 있다. 종일 굶는 사람도 우리 주위에 있다.

"그냥, 다 버려야 속이 후련하시겠습니까?"

이번 주, 광화문

내가 처음 광화문에 갈 때는
재미있었다. 두 번 가니 조금 재미가 없고,
세 번 갈 때 가기가 싫고,
네 번 갔을 때는 진짜 가기 싫고 지겨웠다.
다섯 번째, 안 갈려고 했다.
하지만, 누나가 간다고 해서 갔다. 정말 힘들었다.
그때, 엄마가 왜 가는지 알려줬지만, 이해가 되지 않았다.*
_오현준

---

* 오현준의 초등학교 2학년 때 작품.

초등학교 2학년 아들은 서울 광화문에서 행진한 힘든 기억만 생각할 수 있겠지만, 시간이 흘러 청년이 되었을 때, 광화문의 함성을 어떻게 생각하게 될까?

생텍쥐페리는 『어린 왕자』에서, "신은 인간을 채찍으로 길들이지 않고, 시간으로 길들인다"고 썼다.

부모로서 해줄 수 있는 자녀의 사랑은, 조금 늦게 출발하더라도, 조금 늦게 도착하더라도, 조금 늦게 이루더라도 '기다림'일 것이다.

나의 아저씨*

"네가 대수롭지 않게 받아들이면 남들도 그렇게 해. 모든 일이 그래. 항상 네가 먼저야. 네가 아무것도 아니라고 생각하면 아무것도 아니야."

"무슨 일이 있어도 내력이 있으면 버티는 거야."

나의 내력은 무엇일까?
한숨 쉬다가, 또 한숨 쉬다가 책을 본다.
도서관에 가서 손에 잡히는 대로, 눈에 그리움이 남

---

* 2018년 3월 21일부터 5월 17일까지 대한민국 케이블 채널인 「tvN」에서 방영.

는, 그런 책을 바로 읽는다.

순간, 외벽이 내벽까지 깊이 다가와 틈새를 만들 때가 있다.

그 틈새를, 가끔 찾아오는 행복이 붕대처럼 묶어준다.

어떤 철학자의 말처럼 "삶은 99% 불행이지만, 가끔 오는 행복으로 산다"고….

나는,

실패와 좌절에, 술로 폐인이 되는 사람을 보았고, 예술가가 된 사람을 생각했다.

나를 비쳐주는 조명*

오현준
(중2 학생)

TO 엄마, 아빠

어두운 곳을 나아갈 수 있게 해주는 것은 조명이고, 무언가를 밝게 만들어 주는 것도 조명이다.

내가 나아갈 길을 뒤에서 밝혀주는 우리 엄마

내가 나아갈 길이 없자 길을 만들어 주는 우리 아빠.

힘들고 지쳐도 나에게 다가오는 따스한 조명 아래, 나는 다시 힘을 얻는다.

나에게 항상 조명보다 밝게 웃어주시는 부모님

---

* 오현준의 중학교 2학년 때 작품.

"사랑해요."

"감사해요."

제가 어른이 되고, 남은 날을 부모님의 화려한 조명이 되어 드릴게요.

묘비명

"이 세상 잘 놀다 갑니다."

"괜히 왔다. 간다."

"제발! 깨우지 마세요."

"목소리를 낮춰요. 자는 중."

"나는 자유다."

"일어나 예의를 갖추지 못한 점 양해 바랍니다."

"나중에 만나자."

서른 살 청년 이회영이 물었다.
"한 번의 젊은 나이를 어찌할 것인가."
눈을 감는 순간 예순여섯 노인 이회영이 답했다.
예순여섯의 '일생'으로 답했다.
_ 최태성, 『역사의 쓸모에서』

"일생"

"학교급식 잔식 기부 식약처에서 인정받아"

교육행정실장으로서 학교급식 잔식(배식 전 예비식)기부를 추진하게 된 계기는?

2020년 1월부터 본격적으로 코로나바이러스 감염증이 발생한 시점에서 2021년 4월 초에 효원고 학생 2~3명이 코로나에 감염된 사실이 확인되었다. 그 당시 교육 당국, 지자체 등에서는 학생들이 점심 식사 도중에 감염이 될 수 있기에 지금 만든 학교급식 전부를 버리라고 했다.

그날, 효원고 학교급식 식단(학생 1,000명, 교직원 100명)은 '혼합 잡곡밥, 애호박 된장찌개, 꿀마늘 보쌈, 보쌈김치, 깻잎양념절임, 새콤무생채로 총1,160kg의

급식이었다.

나는 학교급식 종사자분들께서 애써서 정성과 위생적으로 만든 손도 안 댄 급식을 푸드뱅크, 사회복지법인 등 단체에서 가져갈 수 있으니 알아보고자 했지만, 받아지지 않아서 즉시 상급기관의 지시대로 당일 급식(점심) 총 1,160kg을 kg당 180원의 비용을 지불하면서 버려야 했다.

그날 들어온 신선한 식재료와 조리한 시간 등을 생각하면서, 앞으로 이런 일이 또 일어난다면 '그냥 버려야 하는지, 과연 이런 방법밖에 없는지, 손도 안 댄 음식을 버리는 것이 옳은 일인가?'를 그때 곰곰이 잔식(배식 전 예비식) 기부에 대해 생각하는 계기가 되었다.

그 후로 2023년 10월에 경기도교육청 잔식기부 활성화에 관한 전국 최초 조례가 제정되었고, 2024년에는 서울시와 세종시를 비롯해 전국적으로 확산되는 중이었다.

하지만 2024년 5월 어느 날, 식약처에서 집합급식소에서 한 번 조리된 음식은 법적으로는 처벌할 수 없지만, 외부 반출이 불가능하다는 유권해석을 내리면서 모든 사업은 중단될 수밖에 없었다.

수차례 국회, 국무조정실을 찾아다녔고, 관계 부처에 청원한 내용 등이 일부 언론에서 자세히 보도되었다. (당시 김거성 전 청와대 시민사회수석과 장하나 전, 국회의원도 함께 있었다.)

결국 2024년 8월 23일 식약처가 전향적인 검토를 하겠다는 언론보도를 접하게 되었다. 지금이라도 그나마 다행이라고 생각한다.

우리 주위에 아직도 복지의 사각지대, 무료 급식소에 긴 줄을 서서 기다리는 이웃들이 우리 주변에 아직도 있다는 사실을 알려주고 싶었다.*

조원고 오종민 행정실장, '제31회 한라환경대상' 대상 수상

경기 수원 조원고등학교 오종민 교육행정실장이 제주특별자치도와 한라일보가 공동 주관하는 '제31회 한라환경대상'에서 대상을 수상하는 영예를 안았다. 오 실장은 이번 대회에서 학교급식 잔식 기부 활성화 문화 확산에 기여한 공

박종대 기자 2024-07-02 18:37:56

---

* https://v.daum.net/v/20240702183806218.

[단독] 식약처, 학교 반찬 푸드뱅크 기부 가능 검토 (2024. 8. 23.)*

식약처 관계자는 "위생이 담보가 된다면 굳이 제재를 할 필요가 없다는 결론을 내렸다"며 "급식소 근무자 등 현장 근무자들을 만나 얘기를 들어보고 가이드라인 내용을 확정할 예정"이라고 밝혔습니다.
식약처의 제재 해제 시 경기도 내 학교에선 다시 푸드뱅크 기부가 가능해질 것으로 보입니다.
보건복지부는 관계 부처와 협의를 통해 구체적인 매뉴얼 내용과 시행 시기를 확정할 예정입니다.

나는 생각한다.

우리는 사람의 일생을 평가하는데, "그 시대를 정직하게 바라보고 이웃의 아픔과 함께 나누고자 하는 마음, 그 아픔을 외면하지 않고, 함께 나눔을 실천하는 삶이

---

* https://v.daum.net/v/20240823162231238.

라고, 그런 마음이 진정으로 나(우리)를 가난해지지 않는 마음을 갖게 하는 길이라고" 말하고 싶다.

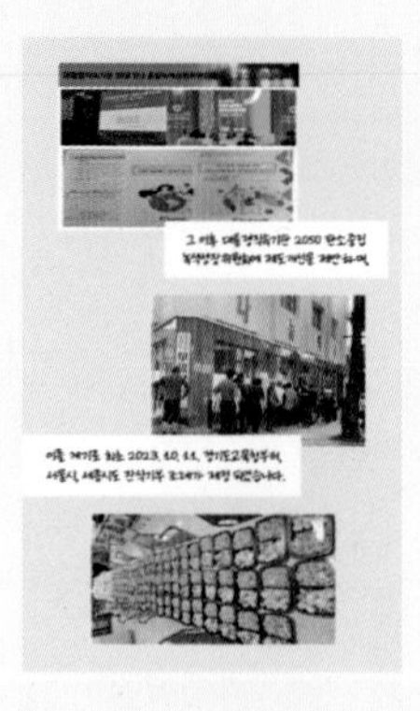

여기서 잠깐!
환경부장관 표창 등 수상 !!

이러한 나눔은
음식물 배출량을 줄여
환경을 지키고
잔식나눔으로
사회복지 UP!

잔식기부는 버려질 뻔했던
학교 급식이 도시락이 되어
누군가의 따뜻한 한 끼를 만듭니다

조원고 오종민 행정실장, '제31회 한라환경대상' 대상 수상

경기 수원 조원고등학교 오종민 교육행정실장이 제주특별자치도와 한라일보가 공동 주관하는 '제31회 한라환경대상'에서 대상을 수상하는 영예를 안았다.

오 실장은 이번 대회에서 학교급식 잔식 기부 활성화 문화 확산에 기여한 공로를 인정받았다. 그는 학교급식실에서 배식하고 남은 깨끗한 잔식(예비식)을 사회소외계층에게 기부하는 시스템을 구축하고 이를 제도화하는 데 앞장서고 있다.

경기도의회는 지난해 10월 '경기도교육청 학교급식의 잔식 기부 활성화에 관한 조례안'을 제정, 공포했다.

조례에서는 학교 내 음식물 쓰레기 감량화를 위해 급식의 잔식 기부 활성화 계획을 학교 자체적으로 수립, 시행할 것을 권고하고 있다.

오 실장은 해당 조례를 만드는 데 필요한 실질적인 자문과 조언을 제공했으며 이를 계기로 전국적으로 학교급식 기부 활성화 문화를 전파하는 데 큰 역할을 맡았다는 평이다.

탄소중립 실천을 위해 친환경 현수막 제작에도 동참하고 있다. 그는 학교 현장에서 교육공동체에게 필요한 정보를 안내하기 위해 제작하는 현수막이 재활용을 못 하는 재질로 만들어지는 점을 파악, 이를 개선하기 위해 친환경 소재로 현수막을 만들고 있다.

오 실장은 이번 수상으로 환경부장관상과 300만 원의 상금을 받았다. 그는 상금 가운데 일부를 소외계층을 위해 쓸 예정이다.

오 실장은 "가끔 학교급식 잔식을 기부받은 어르신들이 음식의 질과 양에 만족하고 있다는 말씀과 함께 감사의 편지를 보내주신다"며 "이런 음식 기부 소식을 듣고 인근 빵집과 떡집에서 매주 1~2일 빵과 떡을 기부해 독거노인들에게 전달하고 있다. 그분들에게도 진심으로 고마움을 전한다"고 말했다. (박종대 기자, 「뉴시스」 2024년 7월 2일.)

에필로그

나의 고통이 점점 커져 갔을 때,
이 상황에 대처하는 두 가지 방법이 있다는 것을 곧
알아차렸다.
첫째, 고통스러운 반응을 보이는 것과
둘째, 고통을 창조의 힘으로 변화시키는 것.
나는 후자를 선택했다.
_ 마틴 루터 킹

누구나, 삶에서 선택의 길이 있다.
첫째, 고속도로로 갈 수 있다.
— 1위로 도착한다. vs 숲만 본다.
둘째, 일반국도로 갈 수 있다.

— 2위로 도착한다 vs 나무만 본다.

셋째, 비포장도로로 갈 수 있다.

— 3위로 도착한다. vs 꽃의 일부분만 본다.

넷째, 숲길로 갈 수 있다.

— 4위로 도착한다. vs 다양한 꽃들을 본다.

나는 고속도로만 선택해서 무작정 달렸다. 결국 스스로 그물망에 갇혀 버렸지만, 그 '덕분에' 나는 책을 읽고, 다른 시선으로 더 좋은 생각으로, 또 다른 관점으로 삶을 보는 시각을 가지게 되었다. 단 한 순간도 무의미하지 않았다.

고통의 상처를 삭제할 수는 없지만, 다른 시선으로 바라볼 수 있었었다.

'덕분에'

어떤 일의 좌절과 고통으로부터, '그 덕분에' 더 좋은 일들이 있기를 바란다.

끝으로, 바람이 있다면 다양한 책을 읽고, 사람들을 만나고, 사랑을 나눔으로써,

그전과는 조금이라도 다른 사람이 되길 바란다.

2024. 7.

나의 쉼터, 카페에서